The Cambridge Modern French Series
Middle Group

General Editor: A. Wilson-Green, M.A.

LA VIE NOMADE

Edition authorised by
Monsieur J. J. Jusserand
and MM. Hachette et Cie

CANTERBURY PILGRIMS
(From B.M. MS. Roy. 18. D. ii)

J. J. JUSSERAND

LA VIE NOMADE

ET LES ROUTES D'ANGLETERRE AU XIVE SIECLE

Edited by

A. WILSON-GREEN, M.A.

Senior French Master, Radley College

CAMBRIDGE

AT THE UNIVERSITY PRESS

1919

CAMBRIDGE
UNIVERSITY PRESS

University Printing House, Cambridge CB2 8BS, United Kingdom

Published in the United States of America by Cambridge University Press, New York

Cambridge University Press is part of the University of Cambridge.

It furthers the University's mission by disseminating knowledge in the pursuit of education, learning and research at the highest international levels of excellence.

www.cambridge.org
Information on this title: www.cambridge.org/9781107635265

First published 1919
First paperback edition 2014

A catalogue record for this publication is available from the British Library

ISBN 978-1-107-63526-5 Paperback

GENERAL INTRODUCTION

THE aim of the Cambridge Modern French Series is to offer to teachers French texts, valuable for their subject-matter and attractive in style, and to offer them equipped with exercises such as teachers who follow the Direct Method have usually been obliged to compile for themselves. The texts are arranged in three groups,—Junior, Middle and Senior,—designed, respectively, for pupils of 13 to 15, of 15 to 17 and of 17 to 19 years of age. It is hoped to bring into schools some of the most notable modern books,—novels and stories, memoirs, books of travel, history and works of criticism; and further to give the pupil not only an opportunity of becoming acquainted with great books, but, at the same time, of reading them in such a way that he may gain in knowledge of French, in ability to write and speak the language, in sympathy with and interest in '*France, mère des arts, des armes, et des lois.*'

It is with this end in view that the exercises are written. They follow, in the main, the lines of my Exercises on Erckmann-Chatrian's *Waterloo*, published by the Cambridge University Press in 1909. Some of the most distinguished teachers of French have expressed to me their approval of these exercises; others have paid them the sincerest compliment in imitating them. Each exercise is based on a definite number of pages of the text and consists of: questions in French on (*a*) the subject-matter, (*b*) the words and idioms, (*c*) the grammar. In addition, in all the volumes of the Middle Group and in some of those of the other two Groups, English passages, based on the pages under review, are provided for translation into French. Where there is no translation, the number of questions is increased, and, in the Senior Group, opportunity is given for free composition. The intention is to catch in this fourfold net every important word and idiom; often, to catch them even more than once. The questions on the subject-matter are not of the kind that may be answered by selecting some particular scrap of the text. They involve some effort of intelligence, some manipulation of the text. The general questions on words and idioms aim at showing how the words of the text may be used in quite other connections, in bringing them home to 'the business and bosoms' of the pupils, in building up the vocabulary by association, comparison, and word-formation. Often something will be learnt from the form of the questions, and every question should be answered with a complete sentence so that the repetition may help memory. The questions on grammar will serve to test oral work done in class. Each volume contains a systematic series of questions on verbs and pronouns, with examples drawn, where possible, from the text, and besides, each exercise contains a question, or questions, on the grammar of the pages on which it is based. Lastly, vocabularies are provided for the convenience of those teachers who wish for translation into English, in addition to, or instead of, reading all in French. The editors of the different volumes have practical experience of the teaching of French. Our hope is that this new Series may make French teaching more intelligent and more real, and therefore more interesting and more effective; that it may help to give the pupil an interest in French ideas and ideals which he will not lose, and provide him in the classroom with an atmosphere not altogether alien to that of France itself, the other Fatherland, for

chacun a deux pays,
Le sien et puis la France.

A. WILSON-GREEN.

EAST COTTAGE,
RADLEY.
April 14, 1915.

MONSIEUR J. J. JUSSERAND

WHETHER as scholar or ambassador, M. Jusserand needs no introduction to the English speaking world. As a member of the diplomatic service of France, he was for several years a resident of London, and for the past sixteen years he has been the Ambassador of the French Republic at Washington. As a man of letters, we owe to him a series of studies of English life and literature, all of them distinguished by originality, grace and charm. The object of this school edition of M. Jusserand's *La Vie nomade* is to further, in the modest measure possible, that comradeship in letters and things intellectual which has long existed between France and England and which, in the future, we hope to see ever more intimate. M. Jusserand is in entire sympathy with this object. He writes (Dec. 1917): 'I have maintained these sentiments throughout my life as all I have written since my early years may, I hope, testify.' The following is a list of M. Jusserand's works:

La Vie nomade et les routes d'Angleterre au XIVe siècle; The English Novel in the time of Shakespear; A French Ambassador at the Court of Charles II; Histoire littéraire du peuple anglais; Piers the Plowman; English Essays from a French Pen; The Romance of a King's Life;

Shakespear in France; Les Sports et les jeux d'exercice dans l'ancienne France; Ronsard; With Americans of Past and Present Days.

The Editor wishes to thank very cordially the various authors and publishers who have kindly permitted him to include passages from their works and publications in the *Morceaux Choisis* which form part of the *Exercices* of this volume. The list is as follows:

England in the Age of Wycliffe, by G. M. Trevelyan: Messrs Longmans, Green & Co.

The People in the Making, by Stanley Leathes, C.B.: Mr Wm Heinemann.

A Short History of English Rural Life, by Montague Fordham: Messrs George Allen & Unwin, Ltd.

Chaucer and his England, by G. G. Coulton; England under the Normans and Angevins, by H. W. C. Davis; England in the Later Middle Ages, by K. H. Vickers: all published by Messrs Methuen & Co., Ltd.

The Coming of the Friars, by the Rev. A. Jessopp, D.D.; Mediaeval England, by Mary Bateson: both published by Mr T. Fisher Unwin.

A. W. G.

October 1918.

TABLE

LA VIE NOMADE

"Qui ne s'adventure n'a cheval ni mule, ce dist Salomon.--Qui trop s'adventure perd cheval et mule, respondit Malcon."

L'aspect et l'état habituel des routes anglaises étant connus, il faut prendre à part les principaux types de la classe errante et voir quel genre de vie menait le nomade et quelle sorte d'importance il avait dans la société ou dans l'État.

Les nomades appartenant à la vie civile étaient, en premier lieu, les marchands de drogues, les bouffons, les jongleurs, les musiciens et les chanteurs ambulants, puis, dans un ordre plus important au point de vue social, les *outlaws*, les larrons de toute sorte et les ouvriers errants. A la vie ecclésiastique appartenaient les prêcheurs, les frères mendiants et ces étranges marchands d'indulgences qu'on appelait pardonneurs. Enfin il y avait les pèlerins, dans les rangs desquels, comme dans le livre de Chaucer, clercs et laïques allaient confondus.

Certains de ces individus, les frères notamment, avaient, il est vrai, un point d'attache; mais leur existence s'écoulait en majeure partie sur les routes; ils n'avaient pas de but fixe et quêtaient à l'aventure; ils avaient pris à la longue les mœurs et le parler des véritables nomades et, dans l'opinion commune, ils se confondaient le plus souvent avec ceux-ci: c'est à cette famille d'êtres qu'ils se rattachent.

Quant à la race étrange que nous voyons, aujourd'hui encore, errer de pays en pays et qui, la dernière, représentera parmi nous la caste des errants, elle n'avait pas encore fait son apparition dans le monde britannique et nous n'avons pas à nous en occuper. Bohémiens ou *gipsies* demeurent jusqu'au quinzième siècle entièrement inconnus en Angleterre.

CHAPITRE I

HERBIERS, CHARLATANS, MÉNESTRELS, CHANTEURS ET BOUFFONS

I

Les plus populaires de tous les errants étaient naturellement les plus gais ou ceux qui passaient pour les plus bienfaisants. Ceux-ci étaient les gens à panacée universelle, très nombreux au moyen âge; ils couraient le monde vendant la santé. Les jours de chômage ils s'établissaient sur la place des villages, étendaient à terre un tapis ou un morceau d'étoffe, étalaient leurs drogues et commençaient à haranguer le peuple. On peut entendre encore aujourd'hui des discours pareils à ceux qu'ils tenaient, au quatorzième siècle, en Angleterre, en France, en Italie; leur profession est une de celles qui ont le moins changé. Au treizième siècle, l'*herbier* de Rutebeuf parlait comme le saltimbanque de Ben Jonson au seizième siècle, comme le charlatan qui attirait hier, à cent pas de nos portes, la foule à ses tréteaux. Grandes paroles, récits merveilleux, éloge de leurs origines nobles, lointaines, énumération des guérisons extraordinaires qu'ils ont faites, étalage d'un dévouement sans bornes au bien public, d'un complet désintéressement pécuniaire, on retrouve cela et on le retrouvera à jamais dans les discours de tous ces nomades insinuants.

"Belles gens, disait, il y a six cents ans, le marchand d'herbes médicinales de Rutebeuf, je ne suis pas de ces pauvres prêcheurs ni de ces pauvres herbiers qui vont par devant ces monastères, avec leurs pauvres chapes mal cousues, qui portent boîtes et sachets et étendent un tapis....Sachez que de ceux-là ne suis-je pas, mais suis à une dame, qui a nom madame Trote de Salerne, qui fait couvre-chef de ses oreilles, et les sourcils lui pendent à chaînes d'argent par-dessus les épaules; et sachez que c'est la plus sage dame qui soit dans les quatre parties du monde. Ma dame nous envoie en diverses terres et en divers pays, en Calabre,...en Bourgogne, en la forêt des Ardennes pour tuer les bêtes sauvages et en traire les bons onguents, pour donner médecines à ceux qui ont des maladies au corps....Et pour ce qu'elle me fit jurer sur les saints quand je la quittai, je vous apprendrai à guérir du mal des vers si vous voulez ouïr. Voulez-vous?

"...Ôtez vos chaperons, tendez les oreilles, regardez mes herbes que ma dame envoie en ce pays et en cette terre; et pour ce qu'elle veut que les pauvres puissent aussi bien y venir comme les riches, elle me dit que je les vendisse par portions d'un denier, car tel a un denier en sa bourse qui n'y a pas cinq livres; et elle me dit et me commanda que je prisse un denier de la monnaie qui courrait dans le pays et la contrée où je viendrais....

"Ces herbes, vous ne les mangerez pas; car il n'est si fort bœuf en ce pays ni si fort cheval de bataille, s'il en avait aussi gros qu'un pois sur la langue, ne mourût de male mort, tant elles sont fortes et amères....Vous les mettrez trois jours dormir en bon vin blanc; si vous n'avez blanc, prenez rouge; si vous n'avez rouge, prenez de la belle eau claire, car tel a un puits devant sa porte qui n'a pas un tonneau de vin en son cellier. Si vous en déjeunez par treize matins...vous serez guéris des diverses maladies....Car si mon père et ma mère étaient en péril de mort et ils me demandaient la meilleure herbe que je leur pusse donner, je leur donnerais celle-là.

"En telle manière vends-je mes herbes et mes onguents: qui voudra en prenne; qui n'en voudra les laisse."

Cet herbier était de ceux qu'en France et en Angleterre les ordonnances royales poursuivaient pour exercice illégal de la médecine. Philippe le Bel, en 1311, Jean le Bon, en 1352, avaient rendu contre eux des arrêts sévères. Ils leur reprochaient "d'ignorer le tempérament des hommes, le temps et la manière convenables pour opérer, les vertus des médecines, surtout des médecines laxatives, en lesquelles gît péril de mort." Ces gens-là, "venus souvent de l'étranger," parcouraient la ville et les faubourgs et se permettaient d'administrer aux malades trop confiants "clisteria multum laxativa et alia eis illicita," ce dont l'autorité royale était justement indignée.

En Angleterre, les vendeurs de drogues ambulants n'avaient pas meilleure réputation; les chants et les satires populaires nous les montrent toujours frayant dans les tavernes avec la pire société. Pour se faire une idée de ce que pouvaient être leurs recettes, il faut se rappeler ce qu'était la médecine protégée par les statuts du royaume. Il faut se dire que Jean de Gaddesden, médecin de la cour sous Édouard II, faisait disparaître les traces de la petite vérole en enveloppant le malade dans des draps rouges; il avait traité ainsi l'héritier même du trône. Il avait été longtemps embarrassé pour guérir la pierre: "A la fin, dit-il dans sa *Rosa Anglica*, je pensai à faire recueillir une bonne quantité de ces scarabées qu'on trouve en été dans le fumier, et de ces cigales qui chantent aux champs: je coupai les têtes et les ailes des cigales et les mis avec les scarabées et de l'huile ordinaire dans un pot; je le couvris et le laissai ensuite, pendant un jour et une nuit, dans un four à pain. Je retirai le pot et le chauffai à un feu modéré; je broyai le tout et frottai enfin les parties malades; en trois jours la douleur avait disparu"; sous l'influence des scarabées et des cigales, la pierre s'était brisée en morceaux. C'est presque toujours ainsi, par une illumination subite, que ce medecin découvre ses remèdes les plus efficaces; madame Trote de Salerne ne confiait pas à ses agents dans les diverses parties du monde le secret de recettes plus merveilleuses et plus inattendues.

N'importe, entre un médecin de cour et un charlatan de carrefour, la loi distinguait fort nettement. Un Gaddesden avait, pour appliquer aux patients ses médicaments étranges, l'appui d'une renommée établie et il offrait la garantie de sa haute situation. Il avait étudié à Oxford et il faisait autorité; un médecin sérieux comme le docteur de Chaucer, qui s'était tant enrichi pendant la peste, ne négligeait pas de lire et de méditer ses écrits. Sans avoir moins de science ni surtout d'ingéniosité, l'herbier errant était moins avantageusement connu; il ne pouvait pas, comme le médecin du roi, s'autoriser de sa bonne réputation pour faire avaler des vers luisants à ses malades, les frotter de scarabées et de cigales, leur donner en remède "sept têtes de chauves-souris grasses"; le législateur se précautionnait en conséquence. A la campagne, de même que la plupart des autres nomades, le guérisseur sans brevet trouvait moyen presque toujours d'échapper à la rigueur des statuts; mais malheur à lui s'il se hasardait à tenter publiquement des cures en ville! Pour avoir voulu guérir une femme en lui faisant porter sur la poitrine un certain parchemin, le malheureux Roger Clerk se vit poursuivre en 1381 pour pratique illégale de la médecine dans Londres. Il fut mené au pilori, "par la ville au son des instruments," à cheval sur un cheval sans selle, son parchemin au cou.

Inquiet de la recrudescence de ces abus, Henri V rendit, en 1421, une *Ordinance encontre les entremettours de fisik et de surgerie.* Désormais il y aura des châtiments sévères pour tous les médecins qui n'auront pas été *approuvés* en leur art, "c'est assavoir, ceux de fisik en les universitées, et les surgeons entre les mestres de cell arte."

II

Les désordres se renouvellent comme avant, ou peu s'en faut; pour donner plus d'autorité à la médecine reconnue par l'État, Édouard IV, la première année de son règne, constitue en corporation la société des barbiers de Londres.

La Renaissance arrive et trouve les barbiers, les charlatans, les empiriques, les sorciers, continuant de prospérer sur le sol britannique. Henri VIII le constate avec regret et promulgue de nouveaux règlements: "La science et l'art de la médecine et de la chirurgie, dit le roi dans son statut, à la parfaite connaissance desquels sont nécessaires à la fois de profondes études et une mûre expérience, sont journellement appliqués dans ce royaume par une multitude d'ignorants. Beaucoup d'entre eux n'ont aucune notion de ces sciences, ni connaissances d'aucune sorte; il en est même qui ne savent pas lire: si bien qu'on voit des artisans ordinaires, des forgerons, des tisserands, des femmes, entreprendre avec audace et constamment des cures importantes et des choses de grande difficulté. A l'accomplissement de quoi ils usent, partie de sortilèges et incantations, partie de remèdes si impropres que les maladies augmentent: au grand déplaisir de Dieu...." En conséquence, toute personne qui voudra pratiquer la médecine dans Londres ou à six milles à la ronde devra auparavant subir un examen devant l'évêque de la capitale, ou devant le doyen de Saint-Paul, assisté de quatre "doctours of phisyk." En province l'examen aura lieu devant l'évêque du diocèse ou son vicaire général. En 1540, le même prince fusionne la corporation des barbiers et la société des chirurgiens, et accorde chaque année à la nouvelle association les cadavres de quatre criminels pour étudier sur eux l'anatomie.

A peine tous ces privilèges étaient-ils concédés, qu'un revirement complet se fait dans l'esprit des législateurs, et qui s'avise-t-on de regretter? précisément ces anciens guérisseurs non brevetés, ces possesseurs de secrets infaillibles, ces empiriques de village si durement traités dans le statut de 1511. Une nouvelle ordonnance est rendue, qui n'est qu'un long réquisitoire contre les médecins autorisés: ces docteurs certifiés empoisonnent leurs clients tout aussi bien que les anciens charlatans, seulement ils prennent plus cher. "Préoccupés de leurs propres gains, et nullement du bien des malades, ils ont poursuivi, troublé et harcelé diverses honnêtes personnes, hommes et femmes, à qui Dieu avait accordé l'intuition de la nature et des effets de certaines herbes, racines et eaux.... lesquelles personnes cependant ne prennent rien en récompense de leur savoir et de leur habileté, mais administrent les remèdes aux pauvres en bons voisins, pour l'amour de Dieu, par pitié et charité. On sait de reste, au contraire, que les médecins certifiés ne veulent guérir personne s'ils ne sont assurés d'une rémunération plus élevée que la cure ne mérite; car s'ils consentaient à traiter pour rien les malades, on ne verrait pas un si grand nombre de ceux-ci pourrir et languir jusqu'à la mort, comme on voit chaque jour, faute des secours de la médecine." D'ailleurs, malgré les examens de l'évêque de Londres, "la plupart des personnes de cette profession ont bien peu de savoir"; c'est pourquoi tous les sujets du roi ayant, "par spéculation ou pratique," connaissance des vertus des plantes, racines et eaux, pourront, comme auparavant, nonobstant les édits contraires, guérir au moyen d'emplâtres, cataplasmes et onguents toutes les maladies apparentes à la surface du corps, cela "dans tout le royaume d'Angleterre ou dans toute autre des possessions du roi[1]."

Le changement, comme on voit, était radical: les secrets des villageoises n'étaient plus des secrets de sorcières, c'étaient des recettes précieuses dont elles avaient reçu de Dieu l'intuition; les pauvres, exposés à mourir sans médecin, se réjouirent; les charlatans respirèrent. Ben Jonson, ce marcheur intrépide qui, parti de Londres, un bâton à la main, alla à pied par plaisir jusqu'en Écosse, qui connaissait si bien les habitués des fêtes anglaises, nous a laissé le vivant portrait d'un charlatan, portrait qui est spécialement celui d'un Vénitien du dix-septième siècle, mais qui demeure vrai encore aujourd'hui et le sera, pour tous les pays, dans tous les temps. Les caractères de cette sorte sont presque immuables; le héros de Jonson est le même individu que celui dont Rutebeuf, trois siècles et demi plus tôt, avait relevé les discours. Sûrement, dans ses visites à Smithfield en temps de foire, le dramaturge avait entendu maint empirique s'écrier, la voix émue, les yeux au ciel: "Ah! santé! santé! la bénédiction du riche! la richesse du pauvre! qui peut t'acheter trop cher, puisqu'il n'est sans

[1] *Statutes of the realm*, 3 H. VIII, ch. XI, 32 H. VIII, ch. XLII, et 34–35 H. VIII, ch. VIII.

toi de plaisir en ce monde?" Sur quoi l'orateur de Jonson raille ses collègues, vante sa panacée incomparable, dans laquelle entre un peu de graisse humaine, qui vaut mille couronnes, mais qu'il laissera pour huit couronnes, non, pour six, enfin pour six pence. Mille couronnes, c'est ce que lui ont payé les cardinaux Montalto et Farnèse et le grand-duc de Toscane son ami; mais il méprise l'argent, et pour le peuple il fait des sacrifices. Il a également un peu de la poudre qui a rendu Vénus belle et Hélène aussi; un de ses amis, grand voyageur, lui en a envoyé, qu'il a trouvée dans les ruines de Troie. Cet ami en a expédié encore un peu à la cour de France, mais cette partie était mélangée, et les dames qui s'en servent n'en obtiennent pas d'aussi bons effets[1].

Trois ans plus tard, un Anglais qui ne connaissait pas la comédie de Jonson, se trouvant à Venise, s'émerveillait des discours des saltimbanques italiens et, croyant donner à ses compatriotes des détails nouveaux sur cette race plus florissante dans la péninsule qu'en aucun pays d'Europe, traçait d'après nature un portrait tout semblable à celui qu'avait dessiné l'ami de Shakespeare. "Souvent, écrit Coryat, j'ai vraiment admiré ces orateurs improvisés; ils débitent leurs contes avec une si merveilleuse volubilité, une grâce si agréable, même quand ils parlent *ex tempore*, avec un assaisonnement si varié de rares plaisanteries et de traits piquants, qu'ils remplissent de surprise l'étranger inaccoutumé à leurs harangues." Ils vendent des "huiles, des eaux souveraines, des ballades amoureuses imprimées, des drogues et un monde d'autres menus objets....J'en ai vu un tenir une vipère à la main et jouer un quart d'heure de suite avec son aiguillon sans être piqué....Il nous donna à croire que cette même vipère descendait généalogiquement de la famille du reptile qui sauta du feu sur la main de saint Paul, dans l'île de Melita, aujourd'hui appelée Malte[2]."

[1] *Volpone or the Fox*, acte II, scène 1 (1607).

[2] *Coryat's Crudities*, édition de 1611, p. 274. Coryat était parti de Douvres le 14 mai 1608.

Sans doute la faconde, la volubilité, la conviction momentanée, la grâce, le ton insinuant, la gaieté légère, ailée, du charlatan méridional ne se retrouvaient pas aussi complets, aussi charmants dans les fêtes de la vieille Angleterre. Ces fêtes étaient joyeuses pourtant, elles étaient fort suivies, et l'on y rencontrait maint personnage rusé, railleur et amusant comme Autolycus, ce type du colporteur, coureur de fêtes paysannes, à qui Shakespeare a fait une place dans la galerie de ses immortels. Les travailleurs de la campagne allaient en foule à ces réunions essuyer des lazzi qui leur faisaient plaisir et acheter des onguents qui leur feraient du bien: on peut les y voir encore. A l'heure présente, chez nous, et en Angleterre aussi, la foule continue de s'attrouper devant les marchands de remèdes qui guérissent infailliblement les maux de dents et effacent quelques autres douleurs de moindre importance.

III

Les certificats abondent autour de la boutique; il semble que tous les gens illustres qui soient au monde aient déjà bénéficié de la découverte; au reste s'adresse maintenant le vendeur. Il gesticule, il s'anime, se penche en avant, a le ton grave et la voix forte. Les paysans se pressent autour, la bouche béante, l'œil inquiet, incertains si l'on doit rire ou s'il faut avoir peur, et finissant par prendre confiance. Ils tirent leur bourse d'un air gauche; leur large main s'embarrasse dans leur habit neuf; ils tendent leur pièce et reçoivent la médecine, et leur œil qui brille et leur physionomie indécise disent assez que la malice et le sens pratique habituel font ici défaut, que ces âmes fort rusées, invincibles dans leur domaine propre, sont les victimes de tous, en pays inconnu. Le vendeur s'agite, et, aujourd'hui comme autrefois, triomphe de l'indécision au moyen d'interpellations directes.

En Angleterre, c'est à l'incomparable *foire de l'oie*, à Nottingham, qu'il faut de préférence aller chercher ces spectacles. Ils brillent là dans toute leur infinie variété: on y pourra constater que les charlatans d'aujourd'hui n'ont pas perdu grand'chose de leur verve héréditaire; on y reconnaîtra que le peuple anglais n'est pas toujours maussade et soucieux; car dans ce jour de folie et d'inconcevable liberté on verra en action, éclairée il est vrai d'une lumière bien différente, cette grande *Kermesse* de Rubens qui est au Louvre.

Plus grande encore était, au moyen âge, la popularité des nomades qui venaient non pas guérir, mais simplement égayer la foule, et qui apportaient avec eux, sinon les remèdes aux maladies, du moins l'oubli des maux: c'étaient les ménestrels, les faiseurs de tours, les jongleurs et les chanteurs. Ménestrels et jongleurs, sous des noms différents, exerçaient la même profession, c'est-à-dire qu'ils psalmodiaient des romans et des chansons en s'accompagnant de leurs instruments. Dans un temps où les livres étaient rares et où le théâtre proprement dit n'existait pas, la poésie et la musique voyageaient avec eux par les grands chemins; de tels hôtes étaient toujours les bienvenus. On trouvait ces nomades dans toutes les fêtes, dans tous les festins, partout où l'on devait se réjouir; on leur demandait, comme on faisait au vin ou à la bière, d'endormir les soucis et de donner la joie et l'oubli. Ils s'y prenaient de plusieurs manières; la plus recommandable consistait à chanter et à réciter, les uns en français, d'autres en anglais, les exploits des anciens héros.

Ce rôle était noble et tenu en grande révérence; les jongleurs ou ménestrels qui se présentaient au château, la tête pleine d'histoires belliqueuses ou de contes d'amour ou de prestes chansons où il n'y avait qu'à rire, étaient reçus avec la dernière faveur. A leur arrivée ils s'annonçaient du dehors par des airs gais qui s'entendaient du fond des salles; bientôt venait l'ordre de les introduire; on les alignait dans le fond du hall et l'on prêtait l'oreille. Ils préludaient sur leurs instruments et bientôt commençaient à psalmodier. Comme Taillefer à la bataille d'Hastings, ils disaient les prouesses de Charlemagne et de Roland, ou bien ils parlaient d'Arthur ou des héros de la guerre de Troie, aïeux incontestés des Bretons d'Angleterre. Au quatorzième siècle, tous ces anciens romans héroïques, rudes, puissants ou touchants, avaient été remaniés et rajeunis ; on y avait ajouté des descriptions fleuries, des aventures compliquées, des merveilles extraordinaires ; beaucoup avaient été mis en prose et, au lieu de les chanter, on les lisait[1]. Le seigneur écoutait avec complaisance, et son goût qui se blasait de plus en plus lui faisait trouver du charme aux enchevêtrements bizarres dont chaque événement était désormais enveloppé. Il vivait maintenant d'une vie plus complexe qu'autrefois ; étant plus civilisé, il avait plus de besoins, et les peintures simples et tout d'une pièce de poèmes comme la chanson de Roland n'étaient plus faites pour flatter son imagination. Les héros de romans se virent imposer des tâches de plus en plus difficiles et durent triompher des enchantements les plus merveilleux. En outre, comme la main devenait moins lourde, on les peignit avec plus de raffinement, on se complut dans leurs aventures amoureuses et on leur donna, autant qu'on put, ce charme à la fois mystique et sensuel dont les images sculptées du quatorzième siècle ont gardé une marque si prononcée. L'auteur de *Sir Gawayne* met une complaisance extrême à décrire les visites que son chevalier reçoit[2], à peindre sa dame si douce, si jolie, aux mouvements souples, au gai sourire ; il y emploie tout son soin, toute son âme, il trouve des mots qui semblent des caresses, et tels de ses vers brillent d'une lueur dorée comme celle de parfums qui se consument.

Ces peintures déjà fréquentes au treizième siècle sont encore plus goûtées au quatorzième ; mais à la fin de ce dernier siècle

[1] On s'habituait à lire les vers à haute voix au lieu de les chanter. Chaucer prévoit que son poème de *Troïlus* pourra être lu ou chanté indifféremment et il écrit, s'adressant à son livre :

> So preye I to God, that non myswrite the,
> Ne the mys-metere, for defaute of tonge !
> And red wher so thow be, or elles songe,
> That thow be understonde, God I beseche !
>
> (Livre dernier, strophe CCLVIII.)

[2] *Sir Gawayne*, édition Morris, pp. 38 et suiv.

elles se déplacent et du roman passent dans le conte ou dans des poèmes moitié contes, moitié romans, tels que le *Troïlus* de Chaucer. Après maintes transformations, le roman tendait en effet à s'effacer devant des genres nouveaux qui convenaient mieux au génie du temps. Cent ans plus tôt, un homme comme Chaucer eût sans doute repris à son tour les légendes d'Arthur et eût écrit pour les ménestrels quelque magnifique roman; mais il laissa des contes et des poèmes lyriques, parce qu'il comprit que le goût avait changé, qu'on était encore curieux, mais non enthousiaste des anciennes histoires, qu'on ne les suivait plus guère avec passion jusqu'au bout et qu'on en faisait l'ornement des bibliothèques[1] plus que le sujet des pensées quotidiennes. On aima mieux dès lors trouver séparément dans des ballades et dans des contes le souffle lyrique et l'esprit d'observation qui jadis étaient réunis dans les romans; ceux-ci, abandonnés aux moins experts des rimeurs de grands chemins, devinrent de si piètres copies des anciens originaux, qu'ils furent la risée des gens de goût et de bon sens.

On vit ainsi mettre en vers anglais sautillants et vides plusieurs des grandes épopées françaises raccourcies. La belle époque était passée; quand, dans la troupe de ses pèlerins, Chaucer vient à son tour conter d'un air narquois les prouesses de sire Thopas, le bon sens populaire que l'hôte représente se révolte, et le récit est brusquement interrompu. De sire Thopas cependant à beaucoup des romans qui couraient les

[1] Les manuscrits brillamment enluminés se multiplient; on les recherche et on les paye fort cher. Édouard III achète à Isabelle de Lancastre, nonne d'Aumbresbury, un livre de romans qu'il lui paye 66 livres 13 shillings et 4 pence, ce qui était une somme énorme. Quand le roi eut ce livre, il le garda dans sa propre chambre. (*Issues of the Exchequer*, édition Devon, 1837, p. 144.) Richard II (*ibidem*, p. 213) achète pour 28 livres une bible en français, un Roman de la Rose et un Roman de Percival. Pour se faire une idée de ces prix, il faut se rappeler, par exemple, que, l'année avant qu'Édouard achetât son livre de romans, les habitants de Londres inscrivaient dans les comptes de la ville 7 livres 10 shillings pour dix bœufs qu'ils avaient donnés au roi, 4 livres pour 20 porcs et 6 livres pour 24 cygnes. (*Memorials of London and London life*, documents publiés par H. T. Riley, 1868, p. 170.)

chemins et que les chanteurs répétaient de place en place, la distance est petite, et la parodie qui nous amuse n'était presque qu'une imitation. Robert Thornton, dans la première moitié du quinzième siècle, copia sur des textes plus anciens bon nombre de ces romans; à les parcourir on est frappé de l'excellence de la plaisanterie de Chaucer et de la justesse de sa parodie. Ces poèmes se déroulent tous d'une meme allure, allègres et pimpants, sans grande pensée ni grand sentiment; les strophes défilent cadencées, claires, faciles et creuses; nulle contrainte, aucun effort; on ouvre le livre, on le quitte, sans souci, sans regret, sans s'ennuyer précisément, mais sans non plus s'émouvoir beaucoup. Et si par hasard d'un roman on passe à l'autre, il semble que ce soit le même. Prenez n'importe lequel, *Sir Isumbras* par exemple; après une prière récitée pour la forme, le rimeur vante la bravoure du héros, puis une précieuse vertu qu'il avait: son amour pour les ménestrels et sa générosité à leur égard[1]. Isumbras n'a que des qualités uniques, sa femme et ses fils aussi; il est le plus vaillant de tous les chevaliers, sa femme la plus belle des femmes. Cela n'empêche pas sire Degrevant d'être aussi le plus vaillant, et sire Églamour d'Artois pareillement. Le ménestrel nous vielle des airs un peu différents, mais sur le même instrument, et le son maigre qui en sort donne un caractère de famille à toutes ses chansons.

IV

Mais le noble n'avait guère de distractions meilleures; le théâtre n'existait pas encore; de loin en loin seulement, aux grandes fêtes de l'année, le chevalier pouvait aller, avec la foule, voir sur les tréteaux Pilate et Jésus; le reste du temps

[1] He luffede glewmene well in haulle,
He gafe thame robis riche of palle
  Bothe of golde and also fee;
Of curtasye was he kynge,
Of mete and drynke no nythynge
  One lyfe was none so fre.

(*The Thornton Romances; Isumbras*, éd. Halliwell.)

il était trop heureux de recevoir chez lui des gens à la vaste mémoire qui savaient plus de vers et plus de musique qu'on n'en pouvait entendre en un jour. Alors on n'imaginait pas de réjouissances sans ménestrels ; il y avait quatre cent vingt-six musiciens ou chanteurs au mariage de la princesse Marguerite, fille d'Édouard Ier. Édouard III donna cent livres à ceux qui assistaient au mariage de sa fille Isabelle ; il en faisait figurer aussi dans ses tournois. On amenait volontiers à un évêque en tournée pastorale des ménestrels pour le réjouir ; c'étaient alors parfois des gens du lieu et de bien pauvres musiciens. L'évêque Swinfield dans une de ses tournées donne un penny par tête à deux ménestrels qui viennent jouer devant lui ; mais dans une autre circonstance il distribue douze pence par tête. On n'a plus que deux amusements à table, disait Langland dans sa grande satire : écouter les ménestrels, et quand ils se sont tus parler religion et discuter les mystères. Les repas que sire Gauvain prend chez son hôte, le Chevalier Vert, sont assaisonnés de chants et de musique ; le deuxième jour, le divertissement se prolonge après le souper : on entendit "pendant le souper et après, beaucoup de nobles chants, tels que chants de Noël et chansons nouvelles, au milieu de toute l'allégresse imaginable[1]." Dans le conte de l'écuyer de Chaucer, le roi Cambynskan donne "une fête si belle que dans le monde entier il n'y en eut aucune semblable," et nous voyons ce prince, "après le troisième service, assis au milieu de ses nobles, écoutant les ménestrels jouer leurs choses

[1] Arthur, après un exploit de Gauvain, s'assied à son repas,

> Wythe alle maner of mete and mynstralcie bothe.

Le deuxième jour que passe Gauvain chez le Chevalier Vert,

> Much glame and gle glent vp ther-inne,
> Aboute the fyre vpon flet, and on fele wyse,
> At the soper and after mony athel songeȝ
> As condutes of kryst-masse, and caroleȝ newe,
> With alle the manerly merthe that mon may of telle.

Le troisième jour,

> With merthe and mynstralsye, with meteȝ at hor wylle
> Thay maden as mery as any men moghten.

(*Sir Gawayne*, éd. Morris, 1864, pp. 16 et 53 et vers 1952.)

délicieuses, devant lui à la table[1]." Durant tous ces repas, il est vrai, le son de la vielle, la voix des chanteurs, les "choses délicieuses" des ménestrels étaient interrompus par le craquement des os que les chiens rongeaient sous les tables ou par le cri aigu de quelque faucon mal appris: car beaucoup de seigneurs pendant leurs dîners gardaient sur une perche derrière eux ces oiseaux de prédilection. Le maître, heureux de leur présence, était indulgent à leurs libertés.

Les ménestrels de Cambynskan nous sont représentés comme attachés à sa personne; ceux du roi d'Angleterre avaient de même des fonctions permanentes. Le souverain ne s'en séparait guère, et même quand il allait à l'étranger, il s'en faisait accompagner. Henri V en engage dix-huit qui devront le suivre en Guyenne et ailleurs[2]. Leur chef est appelé *roi* ou *maréchal* des ménestrels; le 2 mai 1387, Richard II délivre un passeport à Jean Caumz (Camuz?), "rex ministrallorum nostrorum," qui part pour un voyage outre mer. Le 19 janvier 1464, Édouard IV accorde une pension de dix marcs "dilecto nobis Waltero Haliday, marescallo ministrallorum nostrorum." Le rôle de Thomas de Brantingham, trésorier d'Édouard III, porte de fréquentes mentions de ménestrels royaux à qui on paye une pension fixe de sept pence et demi par jour.

Les nobles les plus riches imitaient naturellement le roi et avaient leurs troupes à eux, troupes qui allaient jouer au dehors

[1] And so bifel that, after the thridde cours,
Whil that this king sit thus in his nobleye,
Herknynge his minstralles her thinges pleye
Biforn hym at the bord deliciously....

(*Squieres tale.*)

[2] Texte du contrat:

"Ceste endenture, faite le v jour de juyn, l'an tierce nostre sovereigne seigneur le roi Henri, puis le conquest quint, tesmoigne que John Clyff ministral, et autres XVII ministralls, ount resceuz de nostre dit seigneur le roy, par le mayns de Thomas count d'Arundell et de Surrie, tresorer d'Engleterre, XL l. s. sur lour gages a chescun de ceux XII d. le jour pur demy quarter de l'an, pur servir nostre dit seigneur le roy es parties de Guyen, ou aillours," etc. Rymer, *Fœdera*, année 1415.

lorsque l'occasion se présentait. Les comptes du collège de Winchester, sous Édouard IV, montrent que ce collège eut à reconnaître les services de ménestrels appartenant au roi, au comte d'Arundell, à lord de la Ware, au duc de Gloucester, au duc de Northumberland, à l'évêque de Winchester; ces derniers reviennent souvent. Dans les mêmes comptes, au temps de Henri IV, on trouve mention des frais occasionnés par la visite de la comtesse de Westmoreland, accompagnée de sa suite; ses ménestrels en font partie et on leur donne une somme d'argent.

Leurs services plaisaient fort et ils étaient bien payés; car leurs poèmes remaniés, estropiés, méconnaissables, choquaient bien les gens de goût, mais non pas la masse des batailleurs enrichis qui pouvaient payer le ménestrel de passage et lui accorder de profitables faveurs. Les chanteurs nomades ne se présentaient guère à un château sans qu'on leur donnât des manteaux, des robes fourrées, de bons repas et de l'argent. Langland revient souvent sur ces largesses, ce qui prouve qu'elles étaient considérables, et il regrette qu'on ne distribue pas tout cet or aux pauvres qui vont, comme ces errants, de porte en porte et sont les "ménestrels de Dieu[1]." Mais on n'écoutait pas ses bons conseils; aussi longtemps qu'il y eut dans les châteaux le *hall* ancien, la grand'salle où se prenaient en commun tous les repas, les ménestrels y furent admis. En construisant ces salles, l'architecte tenait compte de la nécessité de leur présence, et il ménageait au-dessus de la porte d'entrée, en face du *dais*, c'est-à-dire de l'endroit où était placée la table des maîtres, une galerie dans laquelle les musiciens s'établissaient pour jouer de leurs instruments[2].

[1] Clerkus and knygtes · welcometh kynges mynstrales,
And for loue of here lordes · lithen hem at festes;
Much more me thenketh · riche men auhte
Haue beggers by-fore hem · whiche beth godes mynstrales.
(Texte C, *passus* VIII, vers 97.)

[2] Voir un dessin de cette galerie dans une miniature reproduite par Eccleston (*Introduction to English Antiquities*, Londres, 1847, 8°, p. 221). Aux sons de la musique des ménestrels, quatre *hommes sauvages* dansent en faisant des contorsions, des bâtons sont par terre, sans doute pour leurs exercices; un chien saute au milieu d'eux en aboyant.

L'instrument classique du ménestrel était la vielle. sorte de violon avec archet, assez semblable au nôtre, et dont on trouvera un bon dessin dans l'album de Villard de Honecourt[1]. Il était délicat à manier et demandait beaucoup d'art: aussi, à mesure que la profession alla s'abaissant, le bon joueur de vielle devint-il plus rare; le vulgaire tambourin, dont le premier venu pouvait apprendre en peu de temps à se servir, remplaçait la vielle, et les vrais artistes se plaignaient de la musique et du goût du jour.

Les ménestrels jouaient encore d'autres instruments, de la harpe, du luth, de la guitare, de la cornemuse, de la rote, sorte de petite harpe, l'ancien instrument des peuples celtiques, etc.[2]

Les cadeaux, la faveur des grands rendaient fort enviable le sort des ménestrels; aussi se multipliaient-ils à l'envi et la concurrence était-elle grande. Au quinzième siècle, les ménestrels du roi, gens instruits et habiles, protestent auprès du maître contre l'audace croissante des faux ménestrels, qui les privent du plus clair de leurs revenus. "Des paysans sans culture," dit le roi, qui adopte la querelle des siens, "et des ouvriers de divers métiers dans notre royaume d'Angleterre, se sont fait passer pour ménestrels; certains se sont mis à porter notre livrée, et nous ne la leur avions pas accordée, et ils se sont donnés pour nos propres ménestrels." Grâce à ces pratiques coupables, ils ont extorqué beaucoup d'argent aux sujets de Sa Majesté, et quoiqu'ils n'aient aucune intelligence ni expérience de l'art, ils vont de place en place, les jours de fête, et recueillent tous les bénéfices qui devraient enrichir les vrais artistes, ceux qui se sont donnés tout entiers à leur état et qui n'exercent aucun vil métier.

Le roi, pour mettre ses serviteurs hors de pair, les autorise à reconstituer et consolider l'ancienne guild des ménestrels, et personne ne pourra plus désormais exercer cette profession,

[1] Treizième siècle (*Album de Villard de Honecourt*, publié par Lassus et Darcel, 1858, 4°, planche IV).

[2] On peut voir à la cathédrale d'Exeter les instruments de musique dont on se servait au quatorzième siècle, sculptés dans la *Minstrels' Gallery* (série d'anges jouant de la musique).

quel que soit son talent, s'il n'a été admis dans la guild. Enfin un pouvoir inquisitorial est accordé aux membres de l'association, et ils auront le droit de faire mettre tous les faux ménestrels à l'amende.

On reconnaît dans ce règlement ces décisions radicales par lesquelles l'autorité souveraine croyait, au moyen âge, pouvoir arrêter tous les courants contraires à ses propres tendances et détruire tous les abus. C'est de la même façon, et sans plus de succès, qu'on abaissait par décret le prix du pain et de la journée de travail.

V

L'autorité avait du reste d'autres raisons de surveiller les chanteurs et les musiciens ambulants; si elle se montrait indulgente pour les bandes attachées à la personne des grands, elle craignait les rondes des autres et se préoccupait quelquefois des doctrines qu'elles allaient semant sous prétexte de chansons. Ces doctrines étaient fort libérales et poussaient même parfois à la révolte. On en vit un exemple au commencement du quinzième siècle lorsque, en pleine guerre contre les Gallois, les ménestrels de cette race furent dénoncés au roi par les Communes, comme fomentateurs de troubles et causes même de la rébellion. Évidemment leurs chants politiques encourageaient les insurgés à la résistance, et le parlement, qui les confond avec les vagabonds ordinaires, sait bien qu'en les faisant arrêter sur les routes, ce n'est pas de simples coupe-bourses qu'il enverra en prison: "Item, que null wastours et rymours, mynstrales ou vocabunds ne soient sustenuz en Gales, lesqueux par lour divinationes, messonges et excitations sount concause de la rebellion et insurrection en Gales."

Réponse: "Le roy le voet."

Les grands mouvements populaires étaient l'occasion de chansons satiriques contre les seigneurs, chansons que les ménestrels composaient et que la foule savait bientôt par cœur. Ce fut une chanson vulgaire, qu'on avait sans doute bien souvent répétée dans les villages, qui fournit à John Ball le texte de son grand discours de Blackheath, lors de la révolte de 1381: "Quand Adam bêchait et qu'Ève filait, qui donc était gentilhomme?" Ainsi encore, sous Henri VI, lorsque les paysans du Kent s'insurgèrent et que les marins leurs alliés prirent en mer et décapitèrent le duc de Suffolk, on en fit une chanson moqueuse, qui fut très populaire et qui est venue jusqu'à nous. De même qu'avant de le tuer on avait donné au favori du roi la comédie d'un procès, de même, dans la chanson, on nous donne la comédie de ses funérailles; nobles et prélats sont invités à y venir chanter leurs répons, et dans ce prétendu office funèbre, qui est un hymne de joie et de triomphe, le chanteur appelle les bénédictions célestes sur les meurtriers. Les Communes, à la fin, sont représentées, venant à leur tour chanter, à l'intention de tous les traîtres d'Angleterre, un *Requiescant in pace.*

La renommée du révolté populaire du douzième siècle, l'*outlaw* Robin Hood, va naturellement croissant. On chante ses vertus; on raconte comment cet homme pieux, qui dans ses plus grands dangers attendait la fin de la messe pour se mettre en sûreté, dépouillait courageusement les grands seigneurs et les hauts prélats, mais était miséricordieux aux pauvres: ce qui était un avis indirect aux brigands d'alors d'avoir à discerner dans leurs rondes entre l'ivraie et le bon grain.

La sympathie des ménestrels pour les idées d'émancipation, qui avaient fait au quatorzième siècle de si grands progrès, ne s'affirmait pas seulement dans les chansons; on retrouvait ces idées jusque dans les romans remaniés qu'ils récitaient en présence des seigneurs, et qui sont pleins désormais de déclarations pompeuses sur l'égalité des hommes. Mais sur ce point l'auditeur ne prenait guère offense; les poètes d'un ordre plus élevé, les favoris de la haute société, le roi lui-même dans ses actes officiels, s'étaient plu à proclamer des vérités libérales dont on ne s'attendait guère à voir exiger la mise en pratique, et ils y avaient accoutumé les esprits. C'est ainsi que Chaucer célèbre dans ses vers les plus éloquents la noblesse seule vraie à ses yeux, celle qui vient du cœur[1]. C'est ainsi encore que le roi Édouard Ier, en convoquant le premier véritable parlement anglais, en 1295, déclare qu'il le fait inspiré par la maxime ancienne qui veut que ce qui touche aux intérêts de tout le monde soit approuvé par tout le monde[2], et proclame un principe d'où sont sorties depuis les réformes les plus radicales de la société.

On pouvait donc bien laisser les ménestrels répéter, après le roi lui-même, des axiomes si connus et qu'il y avait si peu de chance, croyait-on, de voir appliquer. Seulement les idées, comme les graines des arbres, en tombant sur le sol, ne s'y perdent point, et le noble qui s'était endormi au murmure des vers psalmodiés par le jongleur se réveillait un jour au tumulte de la foule amassée devant Londres, au refrain du prêtre John Ball (1381); et alors il fallait tirer l'épée et faire comprendre par un massacre que le temps n'était pas venu d'appliquer ces axiomes, et qu'il n'y avait là que chansons.

Les poètes et chanteurs populaires eurent donc une influence sur le mouvement social, moins par les maximes semées dans leurs grands ouvrages que par ces petites pièces heurtées et violentes, que les moindres d'entre eux composaient et chantaient pour le peuple, dans les carrefours en temps de révolte,

[1] *The wyf of Bathes tale* (68 vers sur l'égalité des hommes et sur la noblesse); de même dans le *Persones tale*: "Eeck for to pride him of his gentrie is ful gret folye...we ben alle of oon fader and of oon moder; and alle we ben of oon nature roten and corrupt, bothe riche and pore" (édition Morris, t. III, p. 301).

Cf. ces vers d'une pièce française du même siècle (cités dans le Discours sur l'état des lettres au quatorzième siècle, *Histoire littéraire de la France*, t. XXIV):

Nus qui bien face n'est vilains,
Mès de vilonie est toz plains
Hauz hom qui laide vie maine:
Nus n'est vilains s'il ne vilaine.

[2] "Sicut lex justissima, provida circumspectione sacrorum principum stabilita, hortatur et statuit ut, quod omnes tangit ab omnibus approbetur, sic," etc., *Fœdera*, sub anno 1295. Les appels directs d'Édouard Ier à son peuple contribuèrent à développer de bonne heure chez les Anglais le sens des devoirs, des droits et des responsabilités politiques.

et dans les chaumières en temps ordinaire, en reconnaissance de l'hospitalité.

Cependant les ménestrels devaient disparaître. En premier lieu, un âge allait commencer où, les livres et l'art de les lire se répandant jusque parmi la foule, chacun y puiserait soi-même et cesserait de se les faire réciter; en second lieu, les théâtres publics allaient offrir un spectacle bien supérieur à celui des petites troupes de musiciens et de chanteurs ambulants, et leur feraient une concurrence autrement redoutable que celle des "rudes paysans et artisans des divers métiers," contre l'impertinence desquels s'indignait Édouard IV. Enfin le mépris public, qui grandissait, devait laisser les ménestrels pulluler d'abord loin des regards de la haute classe, puis se perdre dans les derniers rangs des amuseurs publics, et y disparaître.

En somme, le temps des Taillefer qui savaient se faire tuer en chantant Charlemagne fut court; le lustre qu'avaient donné à leur profession ceux des jongleurs ou trouvères du douzième et du treizième siècle qui se contentaient de réciter des poèmes s'effaça à mesure qu'ils s'associèrent plus étroitement avec les bandes sans retenue des faiseurs de tours et des ribauds de toute sorte. Ces bandes avaient toujours existé, mais les chanteurs de romans ne s'y étaient pas toujours mêlés. De tout temps on avait trouvé, dans les châteaux et dans les carrefours, des bouffons dont la grossièreté émerveillait et enchantait les spectateurs. Les détails précis que les contemporains sont unanimes à donner sur leurs jeux montrent que non seulement leurs facéties ne seraient plus tolérées chez les riches d'aujourd'hui, mais qu'il est même peu de bourgades reculées où des paysans un jour de fête les accepteraient sans dégoût. Quelque répugnante que soit cette pensée, il faut bien se dire que ces passe-temps étaient usuels, que les grands y trouvaient plaisir, que dans la troupe des mimes et des faiseurs de tours qui couraient partout où il fallait de la joie, il y en avait qui excitaient le rire par les moyens ignobles que décrit Jean de Salisbury. Deux cents ans plus tard, deux clercs sacrilèges, en haine de l'archevêque d'York, se livrent dans sa cathédrale aux mêmes bouffonneries monstrueuses, et la lettre épiscopale qui rapporte ces faits avec la précision d'un procès-verbal ajoute qu'ils ont été commis *more ribaldorum*. L'usage s'en était perpétué à la faveur du succès et était demeuré populaire. Langland, à la même époque, montre qu'un de ses personnages n'est pas un vrai ménestrel, non seulement parce qu'il n'est pas musicien, mais aussi parce qu'il n'est habile à aucun de ces exercices d'une si bizarre grossièreté.

VI

Enfin on peut voir encore par les représentations de la danse d'Hérodiade qui se trouvent dans les vitraux ou les manuscrits du moyen âge, quelles sortes de jeux, dans l'opinion des artistes, pouvaient récréer des gens à table. C'est en dansant sur les mains, que la jeune femme enlève les suffrages d'Hérode. Or, comme l'idée d'une danse pareille ne pouvait être tirée de la Bible, il faut bien croire qu'elle provenait des usages du temps. A Clermont-Ferrand, dans les vitraux de la cathédrale (XIIIe siècle), Hérodiade danse sur des couteaux qu'elle tient de chaque main. A Vérone, elle est représentée, sur la plus ancienne des portes de bronze de Saint-Zénon (IXe siècle), se renversant en arrière et touchant ses pieds de sa tête. Les assistants semblent remplis de surprise et d'admiration ; un d'eux porte la main à sa bouche, l'autre à sa joue, par un geste involontaire d'ébahissement. Les comptes de l'échiquier royal d'Angleterre mentionnent quelquefois des sommes payées à des danseurs de passage, qui sans doute devaient faire aussi des prouesses surprenantes, car les payements sont considérables. Ainsi, la troisième année de son règne, Richard II paye à Jean Katerine, danseur de Venise, six livres treize shillings et quatre pence pour avoir joué et dansé devant lui.

En Orient, où l'on a quelquefois dans ses voyages la surprise de retrouver vivants des usages anciens que nous ne pouvons étudier chez nous que dans les livres, la mode des bouffons et des mimes persiste et demeure même la grande distraction de quelques princes. Le feu bey de Tunis avait pour se récréer le soir des bouffons qui l'insultaient et l'amusaient par le contraste de leurs insolences permises et de sa puissance réelle. Chez les musulmanes riches de Tunis, dont aucune presque ne sait lire, la monotonie des journées qui, durant leur vie entière, se succèdent à l'ombre des mêmes murailles, à l'abri des mêmes barreaux, est interrompue par les récits de la bouffonne, dont l'unique rôle est d'égayer le harem par des propos de la plus étrange obscénité. Les Européens du quatorzième siècle étaient capables de goûter des plaisirs tout pareils.

Il n'était donc guère surprenant qu'à la suite des moralistes l'esprit public condamnât du même coup ménestrels et histrions et les confondît avec ces vagabonds coureurs de grands chemins qui paraissaient si redoutables au parlement. A mesure qu'on avance, leur rôle s'avilit davantage. Au seizième siècle, Philippe Stubbes voit en eux la personnification de tous les vices, et il justifie en termes violents son mépris pour ces "ivrognes et ces parasites licencieux qui errent par le pays, rimant et chantant des poésies impures, viles et obscènes, dans les tavernes, les cabarets, les auberges et les lieux de réunion publique." Leur vie est pareille aux chansons honteuses dont leur tête est pleine, et ils sont le modèle de toutes les abominations. Ils sont, de plus, innombrables:

"Chaque ville, cité ou région est remplie de ces ménestrels qui accompagnent de leurs airs la danse du diable; tandis qu'il y a si peu de théologiens que c'est à peine si l'on en voit aucun.

"Cependant quelques-uns nous disent: mais, monsieur, nous avons des licences des juges de paix, pour jouer et exercer nos talents de ménestrels au mieux de nos intérêts.—Maudites soient ces licences qui permettent à un homme de gagner sa vie par la destruction de milliers de ses semblables! Mais avez-vous une licence de l'archi-juge de paix, le Christ Jésus? Si vous l'avez, soyez heureux; si vous ne l'avez pas, vous serez arrêtés par Jésus, le grand juge, comme rôdeurs misérables et vagabonds du pays céleste, et punis d'une mort éternelle, malgré vos prétendues licences reçues en ce monde."

On voit à quel état de dégradation était tombée la noble profession des anciens chanteurs et combien peu la nécessité d'obtenir un brevet de l'autorité ou d'entrer dans une guild, comme le voulait Édouard IV, arrêtait leurs extravagances. Avec les inventions et les mœurs nouvelles, leur raison d'être disparaissait et la partie vraiment haute de leur art s'effaçait; les anciens diseurs de poèmes, après s'être mêlés aux bandes peu recommandables des amuseurs publics, voyaient ces bandes leur survivre, et il ne restait plus, sur les routes, que ces bouffons grossiers et ces musiciens vulgaires que les gens réfléchis traitaient en réprouvés.

CHAPITRE II

LES OUTLAWS ET LES OUVRIERS ERRANTS

VII

Les bouffons, les musiciens et leurs associés nous ont arrêtés dans les carrefours et dans les cours des châteaux. Avec les *outlaws*, les malheureux mis hors la loi, il nous faut quitter la grand'route pour les sentiers à peine tracés et pénétrer dans les bois. L'Angleterre à cette époque n'était pas l'immense prairie que sillonnent maintenant les chemins de fer; il y restait encore beaucoup de ces forêts dont César parle dans ses *Commentaires* et où les ancêtres des rois Plantagenets avaient si jalousement maintenu leurs droits de chasse. La police n'y était point exacte, comme aujourd'hui dans les bois qui restent; elles offraient aux bandits et aux condamnés en fuite de vastes asiles. L'esprit populaire s'était accoutumé à mêler dans un même sentiment de sympathie l'idée de la haute forêt bruissante et l'idée de la libre vie qu'y menaient les proscrits. C'est pourquoi, à côté de l'épopée d'Arthur, on trouve celle des arbres et des buissons, celle des vaillants qui habitent le taillis et qu'on imagine avoir lutté pour les libertés publiques, celle d'Hereward, de Foulke Fitz-Waurin, de Robin Hood. Sitôt poursuivi, sitôt en route pour la forêt; il était plus facile de s'y rendre, on y était moins éloigné des siens et tout aussi en sûreté que sur le continent.

Larrons, bandits, braconniers et chevaliers pouvaient ainsi se rencontrer en camarades au fond des bois. C'est à la forêt que songe l'écuyer proscrit, dans la célèbre ballade de la *Fille aux bruns cheveux*, le chef-d'œuvre de la poésie anglaise au quinzième siècle, un duo d'amour musical, tout plein du charme sauvage des grandes futaies, avec une cadence bien accentuée, des rimes fréquentes qui chantent à l'oreille: on dirait la mélodie un peu grêle mais pourtant sonore d'un vieil air touchant et aimé. Sur le point d'être pris, le pauvre écuyer doit choisir entre une mort honteuse et la retraite "dans la forêt verdoyante." Sa fiancée, qui n'est rien moins qu'une fille de baron, veut le suivre, et alors, à chaque couplet, pour l'éprouver, son amant lui représente les terreurs et les dangers de cette vie de fugitifs: elle pourra le voir pris et mourant de la mort des voleurs: "car, pour l'outlaw, telle est la loi, on le saisit, on le lie et sans merci on le pend, et son corps se balance au vent." Avec cela une peinture saisissante de l'existence sous bois, des ronces, de la neige, de la gelée, de la pluie; pas de nourriture délicate, pas de lit moelleux, les feuilles pour unique toit.

Bien plus, et l'épreuve devient plus dure, il faudra que la jeune fille coupe ses beaux cheveux; la vie en forêt ne permet pas de garder cet ornement. Enfin, et c'est là le comble: j'ai déjà dans la forêt une autre amie que je préfère et qui est plus belle. Mais, aussi résignée que Griselidis, la fiancée répond: j'irai quand même à la forêt, je serai bonne pour votre amie, je lui obéirai, car dans l'humanité entière rien ne m'est cher que vous. Alors la joie de l'amant peut éclater: je ne suis pas banni, je ne m'enfuirai pas dans les bois; je ne suis pas un écuyer obscur, je suis le fils du comte de Westmoreland, et pour nous l'heure des fêtes nuptiales est venue.

Tous les fugitifs que la forêt recevait dans ses profondeurs n'étaient point d'amoureux chevaliers suivis de femmes patientes comme Griselidis et courageuses comme Bradamante. C'étaient, la plupart du temps, pour passer de la poésie à la réalité, des rôdeurs redoutables, ceux mêmes contre lesquels Édouard Ier et Édouard III avaient rendu la rigoureuse loi des suspects. Cette caste se composait d'abord des bandes organisées de brigands que le statut appelle Ravageurs, Gens-de-Robert, Traille-bâton, etc. (*Wastours*, *Roberdesmen*, *Draw-*

latches), puis des voleurs d'occasion, des filous et malfaiteurs de toute sorte et des outlaws divers qui étaient frappés par la loi de cette véritable mort civile à laquelle fait allusion le fiancé de la *Fille aux cheveux bruns*. La sentence d'outlawry, de mise hors la loi, était, la plupart du temps, le point de départ d'une vie errante qui devenait forcément une vie de brigandage. Pour être déclaré outlaw, il fallait avoir commis un crime ou un délit; une demande en justice de l'adversaire, d'un caractère purement civil, ne suffisait pas; mais pour se trouver dans le cas de mériter la potence, il n'était pas nécessaire d'être coupable d'une faute énorme; de là le grand nombre des outlaws. Dans un procès criminel du temps d'Édouard Ier, le juge sur son siège explique que la loi est celle-ci: si le voleur a pris un objet qui vaut plus de douze pence ou s'il a été condamné plusieurs fois pour de petits vols et que le total vaille douze pence et au delà, il doit être pendu: "Lex vult quod pendeatur per collum." Encore, ainsi que l'observe le juge, à propos d'une femme qui avait volé pour huit pence, la loi est plus douce que sous Henri III, puisqu'alors il suffisait d'un vol de quatre pence pour être pendu.

L'homme devenait outlaw, et la femme *weyve*, c'est-à-dire abandonnée à la merci de tous, et ne pouvant pas réclamer la protection des lois. Aussi l'auteur du *Fleta* exprime-t-il avec une force terrible l'état des gens ainsi châtiés: ils ont des têtes de loup que l'on peut couper impunément. L'outlaw perdait tous ses biens et tous ses droits; tous les contrats dans lesquels il était partie tombaient; il n'était plus obligé vis-à-vis de personne, et personne n'était obligé vis-à-vis de lui. Ses biens étaient forfaits; s'il avait des terres, le roi en gardait l'usufruit pendant un an et un jour, au bout desquels il les rendait au *capitalis dominus*. Et même il y avait à ce sujet des maximes légales très dures: un homme accusé de meurtre et acquitté subissait cependant la confiscation, s'il avait fui d'abord, craignant le jugement. On conçoit que la sévérité draconienne de tels règlements n'était pas faite pour diminuer l'audace de ceux qu'ils atteignaient, et que la rigueur excessive de ces peines devait transformer souvent le fugitif d'un jour, qui avait douté de la clairvoyance du juge, en brigand de profession et en voleur de grand chemin.

A côté des gens de cette espèce, il y avait tous les vagabonds qui, sans mériter une sentence d'outlawry, avaient fui le village ou la ferme auxquels ils étaient attachés. Le vilain qui abandonnait, sans licence spéciale, le domaine du maître ne rentrait dans la vie commune qu'après s'être mis à sa merci ou, ce qui était moins dur, après avoir passé un an et un jour dans une ville franche, sans la quitter et sans que le lord eût songé à interrompre la prescription. Il devenait, dans ce dernier cas, homme libre, et les liens qui l'attachaient au sol étaient rompus. Mais s'il s'était borné à errer de place en place, il pouvait toujours être repris le jour où il reparaîtrait à son foyer. On en voit un exemple dans un curieux procès du temps d'Édouard Ier, dont le relevé nous est parvenu : *A*. présente un bref (writ) d'emprisonnement contre *B*.—Heiham, avocat de *B*., dit : Nous n'avons pas à nous défendre, *A*. est notre vilain, son bref ne peut avoir effet contre nous. On vérifie et on trouve que *A*. est le fils d'un vilain de *B*., qu'il s'est enfui et plusieurs années après est revenu à son foyer, "en son ny," où il a été repris comme vilain. Le juge déclare que cette reprise est légale, et qu'un vilain peut errer pendant six, sept ans ou plus ; si au bout de ce temps on le retrouve "en son ny" on peut s'en emparer comme de sa chose ; le fait du retour le met en l'état où il était avant le départ. En entendant cette décision, l'avocat enchanté cite avec à-propos l'Écriture sainte : "Cecidit in foveam quam fecit !"

VIII

Les paysans en fuite donnaient à la caste errante ses recrues les plus nombreuses. En Angleterre, une foule de causes, parmi lesquelles se trouve en première ligne la grande peste de 1349[1], avaient bouleversé, au quatorzième siècle, les rapports

[1] D'après Seebohm, plus de la moitié de la population mourut pendant l'année 1348–1349. Voici le tableau frappant que trace

des classes ouvrières avec les classes riches et la proportion entre la valeur des salaires et celle des objets nécessaires à la vie. En face d'un besoin d'émancipation qui se faisait jour de toute part, le parlement, la chambre des communes aussi bien que le roi, rendaient de durs arrêts qui prescrivaient le maintien du *statu quo ante pestem*. De là, chez les paysans, un immense désir de changer de place et de voir ailleurs: chez eux, les gages d'avant la peste étaient dérisoires; mais dans tel autre comté, se disaient-ils, on paye mieux; du reste pourquoi ne pas se mêler à la classe des ouvriers libres? elle était nombreuse et malgré les statuts augmentait sans cesse. Tous ne réussissaient pas à dissimuler leur passé, et quand le danger devenait grand d'être "mys en cepes" et renvoyés à leurs maîtres, ils s'enfuyaient de nouveau, changeaient de comté, et devenaient nomades. D'autres, mécontents, avec ou sans cause, ne quittaient leur hameau que pour devenir immédiatement des vagabonds sans feu ni lieu et de la plus dangereuse espèce. Aussi le palais Westminster, la salle du chapitre de l'abbaye où siégeaient les communes retentissent-ils de plaintes toujours renouvelées contre l'indiscipline croissante. Les communes, qui représentent dans les campagnes, en général, les propriétaires du sol, et dans les villes une bourgeoisie aux tendances passablement aristocratiques, s'élèvent avec force contre les goûts d'émancipation d'une classe d'ouvriers dont elles ne sont nullement solidaires. Elles veulent le rétablissement de toutes les lois, de tous les usages anciens et la répression énergique des désordres nouveaux. Mais le courant était trop fort et il renversait les lois; on les voit renouvelées sans cesse, inutilement.

En 1350, tout de suite après la peste, un premier règlement est dirigé contre la "malice des servantz" qui avaient déjà

Knyghton, un contemporain, de la peste à Leicester: "Et moriebantur quasi tota valitudo villæ...valde pauci erant qui de divitiis vel quibuslibet rebus curam agerent....Et oves et boves per campos et inter segetes vagabant...sed in sulcis deviis et sepibus morte perierunt numero incomputabili."

une grande indépendance et la voulaient plus grande encore. Il leur fallait d'autres salaires qu'autrefois et aussi d'autres termes d'engagements, ils ne voulaient plus travailler "sanz trop outraiouses louers prendre." Jadis ils se louaient pour un an; maintenant ils désirent rester maîtres d'eux-mêmes et se louer à la journée: défense leur est faite par le statut de travailler dans ces conditions. Quatre ans après, nouvelles plaintes; le blé est à bas prix et les travailleurs refusent d'en recevoir en guise de payement; ils persistent aussi à vouloir se louer à la journée: toutes ces pratiques sont condamnées de nouveau. La querelle continue et s'envenime. La trente-quatrième année de son règne, Édouard III menace les coupables de les faire marquer au front d'un F "en signe de fauxine." En 1372, le parlement constate que les "laborers et servantz sey fuent d'un countée en autre, dount les uns vont as grantz villes et devignent artificers, les uns en estrange pays pur laborer, par cause des excessives lowers, nient demurantz en certein en nul lieu, par qi execution de l'estatut ne puist estre fait vers eux." Les communes du Bon Parlement de 1376 obtiennent la ratification de tous les règlements antérieurs. On renouvelle les défenses à chacun de se transporter hors de son "pays propre." Le paysan doit y rester et servir quiconque a besoin de lui, non pas seulement s'il est serf ou "neif," mais encore s'il appartient à la classe des "laborers et artificers et altres servantz."

Mais les changements économiques survenus avaient rendu possible ce qui ne l'était pas autrefois; on avait besoin de travailleurs, et les propriétaires n'étaient pas rares qui donnaient de l'occupation aux ouvriers malgré les lois, même à la journée et à d'autres salaires que ceux du tarif. Et cela ne se produirait pas, observaient justement les communes, si, dès qu'ils offrent leurs services de la sorte, ils étaient "prys et mys en cepes." C'était vrai; mais les propriétaires qui manquaient de bras et dont la récolte attendait sur pied, étaient trop heureux de rencontrer des "servauntz et laborers," quels qu'ils fussent, et au lieu de les faire mener "al prochein gaole," ils les payaient et leur donnaient du travail. Les ouvriers ne l'ignoraient pas, et leurs maîtres traditionnels étaient forcés de tenir compte des circonstances et de se montrer moins sévères. Car, pour une exigence trop dure ou une réprimande trop forte, au lieu de se soumettre, comme autrefois, ou même de protester, l'ouvrier ne disait rien, mais s'en allait.

Ce qui est bien pire et devait arriver forcément, c'est que beaucoup d'entre eux, ne pouvant ou ne voulant pas travailler, se faisaient mendiants ou voleurs de profession. Ces "laborers corores devenont mendinantz beggeres, pur mesner ocious vie, et soi trient hors de lours pays, communément as citées, burghwes, et as autres bones villes pur begger; et lesquels sont fort de corps et bien purroient eser la commune si ils voudroient servir." Voilà pour les mendiants[1]; voici maintenant pour les voleurs: "Et la greyndre partie des ditz servantz corores devenent communement fortes larounes et encrecent de eux roberies et felonies de jour en altre par touz partz." Il faut prendre des mesures énergiques: que défense soit faite de donner l'aumône à des gens de cette espèce et que "lours corps soient mys en cepes ou mesnez al prochein gaole," pour être renvoyés ensuite dans leur pays. Édouard III, en 1349, avait déjà condamné à la prison les personnes qui, sous prétexte de charité, viendraient en aide aux mendiants; ces vagabonds erraient par le pays, "s'adonnant à la paresse et au vice et quelquefois commettant des vols et d'autres abominations." Mêmes plaintes au temps de Richard II; à peine est-il sur le trône, qu'elles se répètent d'année en année; on en trouve en 1377, en 1378, en 1379.

Les règlements ont beau se multiplier, le roi est obligé de

[1] Langland montre, de même, le mendiant éhonté qui va, sac sur le dos, quêter de porte en porte, et qui pourrait fort bien, s'il voulait, gagner son pain et sa bière en travaillant; il sait un métier, mais il préfère ne pas l'exercer:

> And can som manere craft · in cas he wolde hit vse,
> Thorgh whiche crafte he couthe · come to bred and to ale.

(Texte C, *passus* X, vers 151.

reconnaître, dans son ordonnance de 1383, que "les faitours et vagerantz" courent le pays "pluis habundantement qe ne soloient avant ces heures." En 1388, il renouvelle toutes les prescriptions de ses prédécesseurs et rappelle aux maires, baillis, sénéchaux et constables, leurs devoirs, celui notamment de réparer leurs ceps et d'en tenir qui soient toujours prêts, pour y mettre les individus appartenant à la classe errante.

IX

Ce n'étaient pas là de vaines menaces et il ne s'agissait pas de peines médiocres. Les prisons d'alors ne ressemblaient guère à ces édifices clairs et bien lavés qu'on voit aujourd'hui dans plusieurs villes d'Angleterre, à York, par exemple, où la moyenne des condamnés trouve certainement plus de propreté et de confort qu'ils n'en pouvaient avoir chez eux. C'étaient souvent de fétides cachots, où l'humidité des murailles et l'immobilité où vous obligeaient les ceps corrompaient le sang et engendraient de hideuses maladies. Ces instruments de torture, qui, d'après les lois de Richard II, devaient être toujours tenus en bon état et prêts à servir, consistaient en deux poutres superposées. De distance en distance, des trous ronds étaient percés à leur point de jonction; on soulevait la poutre supérieure et on faisait passer dans les trous les jambes des prisonniers; quelquefois, il y avait une troisième poutre, dans les ouvertures de laquelle les mains des malheureux étaient en outre engagées; leur corps reposait tantôt sur un escabeau, tantôt sur le sol. Dans certaines prisons, les ceps étaient assez élevés; on y introduisait seulement les jambes du patient et il demeurait ainsi, le corps étendu à terre, dans l'humidité, la tête plus bas que les pieds; mais ce raffinement n'était pas habituel.

Maint ouvrier errant accoutumé à une vie active, au grand air, venait ainsi, grâce aux ordonnances incessantes du roi et du parlement, se repentir dans les ténèbres de son audace et regretter, pendant des jours et des nuits tout pareils, sa liberté, sa famille, son "nid." L'effet d'un semblable traitement sur la constitution physique des victimes se devine; les procès-verbaux de justice le montrent d'ailleurs fort clairement; on lit, par exemple, ce qui suit dans les rôles *Coram rege* du temps de Henri III:

"ASSISES DE LUDINGLOND.

"Le jury expose que Guillaume le Sauvage prit deux étrangers et une femme et les emprisonna à Thorelstan, et les retint en prison jusqu'à ce que l'un d'eux y mourût, et que l'autre perdît un pied, et que la femme perdît les deux pieds, *parce qu'ils avaient pourri.* Guillaume amena ultérieurement ces gens devant la cour de notre seigneur le roi à Ludinglond pour les faire juger par ladite cour. Et quand la cour les vit, elle se refusa à les juger parce qu'ils n'avaient été arrêtés pour aucun vol ou délit pour lesquels ils pussent subir un jugement. C'est pourquoi on leur permit de se retirer en liberté[1]."

Comment, dans un tel état, les pauvres gens "se retirèrent" et ce qu'ils devinrent, le procès-verbal des assises ne le dit pas. Ce qui est certain, c'est qu'aucune sorte d'indemnité ne leur fut donnée pour les aider à se tirer d'affaire dans leur horrible situation. La justice de nos pères n'était pas minutieuse.

Mais la menace de prisons si malsaines et de ceps si terribles ne retenait et n'arrêtait pas les travailleurs las d'être attachés au sol. Pour quitter leur pays, tous les prétextes leur étaient bons; ils osaient même employer celui de voyages de dévotion. Ils partaient, le bâton à la main, "par couleur d'aller loin en pèlerinage," et ne revenaient plus. Mais un nouveau frein va être employé pour dompter cette humeur turbulente, c'est l'obligation de se munir de véritables lettres de route ou passeports pour passer d'un comté à l'autre. Nul ne pourra quitter son village s'il ne porte "lettre patente contenant la cause de son aller et le temps de son retour s'il doit retourner." En d'autres termes, même quand on avait le droit de s'établir

[1] *Gleanings from the Public Records*, par M. H. Hewlett, dans l'*Antiquary* de mars 1882.

définitivement ailleurs, il fallait un permis de circulation pour s'en aller. Ces lettres seront scellées par un "prud'homme" désigné, dans chaque cité, hundred, bourg, etc., par les juges de paix, et des sceaux particuliers seront fabriqués exprès portant, dit l'ordonnance, au milieu, les armes du roi, autour le nom du comté et en travers celui du hundred, cité ou bourg. On prévoit même le cas où des lettres fausses seraient fabriquées, ce qui montre quelle ardente envie de quitter son pays on sentait chez les gens de cette classe. Tout individu surpris sans papiers en règle est mis provisoirement en prison.

Les mendiants seront traités comme les "servants" qui n'auraient pas de "lettre testimoigniale." Ce à quoi on tient, c'est à retenir en place le plus de monde possible et à empêcher par là les pérégrinations inquiétantes de tous ces rôdeurs. Quant aux mendiants incapables de travailler, ils devront, eux aussi, cesser de fréquenter les grands chemins : ils finiront leur vie dans la cité où on les trouvera au moment de la proclamation ou, tout au plus, dans quelque ville voisine ou dans celle où ils sont nés ; ils y seront conduits dans les quarante jours et y resteront "continuellement pour leur vie."

Ce qui est plus étrange et qui, à défaut d'autres preuves, montrerait à quelle classe appartenaient alors les étudiants, c'est qu'ils sont compris dans la même catégorie : ils avaient coutume, en rentrant dans leur pays ou en faisant des pèlerinages ou en allant à l'université, de tendre la main aux passants et de frapper aux portes. Ils seront assimilés aux mendiants et mis aux fers s'ils n'ont pas la lettre réglementaire ; seulement cette pièce leur sera remise par le chancelier, c'est la seule différence.

Enfin, l'année suivante (1389), un nouveau statut réprouve la coutume des ouvriers qui entretiennent pour leur usage des lévriers et autres chiens, et, "es jours de festes, qant bones cristiens sont as esglises," pénètrent dans les parcs et garennes des seigneurs et détruisent tout le gibier. Bien plus, ils profitent de ces occasions où ils se trouvent réunis en armes, sans crainte d'être inquiétés, pour tenir "leurs assemblées, pour lever et désobéir à leur allégeance." Certainement les fourrés épais des forêts seigneuriales avaient dû plus d'une fois abriter, à l'heure des offices, des réunions de cette espèce avant la grande révolte de 1381, et dans ce milieu naquirent sans doute quelques-unes de ces idées remuantes et actives qui furent transportées de pays en pays par les nomades et firent reconnaître au peuple de comtés différents les liens de solidarité qui les unissaient entre eux.

C'est dans une révolte pareille que le rôle de la classe errante est considérable, et il y a tout intérêt pour l'historien à ne pas le négliger. Il est impossible, si on ne tient pas compte de cet élément, d'expliquer l'importance et l'étendue d'un mouvement qui faillit avoir des suites pareilles à celles de la Révolution française "J'avais perdu mon héritage et le royaume d'Angleterre," disait Richard II le soir du jour où sa présence d'esprit le sauva, et il avait raison. Pourquoi, en France, la Jacquerie fut-elle une vulgaire et impuissante émeute, comparée à la révolte anglaise? Les causes en sont multiples, mais la principale est l'absence d'une classe de nomades aussi nombreuse et forte que celle d'Angleterre. Cette classe servit à unir tout le peuple; elle dit à ceux du nord ce que pensaient ceux du midi, ce que souffraient et désiraient les uns et les autres: les souffrances et les désirs n'étaient pas identiques, mais il suffisait de savoir que tous avaient des réformes à demander. Aussi, quand on apprit que la révolte avait commencé, on se souleva de toute part, et il fut clair alors que chacun désirait un bien différent et que les troupes associées poursuivaient des buts divers; seulement, le fond de la querelle étant le même et tous voulant plus d'indépendance, ils marchaient de concert, sans se connaître autrement que par l'intermédiaire des errants. Les rois d'Angleterre s'étaient bien aperçus du danger, et à diverses reprises ils avaient promulgué des statuts visant spécialement les discours tenus par les nomades, dans leurs voyages, sur le compte des nobles, des prélats, des juges, de tous les dépositaires d'une force publique quelconque.

En France, pendant et après les guerres, la route appartient uniquement à des brigands pillards qui étaient nés ouvriers ou chevaliers. Des soldats, qui représentent la lie de la plus haute et de la plus basse classe, s'acharnent au dépouillement du reste de la société; le chemin retentit du bruit des armures et le paysan se cache; les troupes équipées pour la défense du sol attaquent sans scrupule tout ce qui est moins fort qu'elles et bon à piller; quand on est de ce monde, on "se tourne français," comme dit Froissart, et on se tourne anglais selon l'intérêt du moment. Les errants que la loi anglaise menace des ceps sont d'une autre sorte et, quel que soit le nombre des brigands parmi eux, ils n'y sont pas en majorité; le reste des paysans sympathise avec eux, au lieu de les redouter. Aussi la révolte anglaise ne fut-elle pas une entreprise désespérée; elle fut conduite avec un sang-froid et un bon sens extraordinaires. Les insurgés montrent un sentiment calme de leur force, qui nous saisit et qui saisissait bien plus encore les chevaliers demeurés dans Londres; ce sont des gens qui marchent les yeux ouverts et qui, s'ils détruisent beaucoup, voudraient aussi réformer. Avec eux on peut s'entendre et traiter; on violera le traité sans doute, et la révolte finira par les supplices: mais, quoi qu'en disent les communes et les lords réunis à Westminster, les nouveaux fers n'auront pas la ténacité des anciens, et un grand pas vers une émancipation réelle aura été fait. En France, la bête de somme, mal nourrie, mal traitée, rongée du harnais, s'en va branlant la tête, l'œil terne et le pas traînant; ses ruades furieuses feront ajouter au fardeau qui l'écrase des poids nouveaux, et ce sera tout; des siècles passeront avant qu'elle obtienne autre chose.

CHAPITRE III

LES PRÊCHEURS NOMADES ET LES FRÈRES MENDIANTS

XI

Si le *sentiment* de besoins et de désirs communs se répandait surtout grâce à cette foule d'ouvriers que nous trouvons en Angleterre sans cesse errants malgré les statuts, tout ce qui était *idée* était vulgarisé par une autre sorte de nomades, les prêcheurs. Gens du peuple eux aussi, ils avaient étudié; il n'était pas nécessaire, ainsi que nous l'avons vu, d'être riche pour suivre les cours à Oxford; les vilains même y envoyaient leurs enfants, et les communes, peu libérales d'esprit, comme on sait, protestaient contre cette émancipation d'un autre genre, cet *avancement par clergé*; mais elles protestaient en vain, et le roi répondait à leur requête qu'il "s'aviserait" (1391). C'était, et c'est encore aujourd'hui, la formule du refus royal. Quel était l'état du peuple, ces clercs le savaient; ils connaissaient les misères du pauvre, c'étaient celles de leur père, de leur mère, d'eux-mêmes, et l'étude leur permettait de transformer en idées précises les aspirations vagues des travailleurs de la terre. Les premières ne sont pas moins nécessaires que les secondes à tout mouvement social important; si toutes deux sont indispensables à la formation de l'outil, ce sont les idées qui en représenteraient la lame.

Les prêcheurs nomades savaient l'affiler et ils étaient nombreux. Ceux que Wyclif envoya vulgariser ses doctrines, ses "simples prêtres," firent uniquement ce que d'autres faisaient avant eux; ils imitèrent leurs devanciers et ne se bornèrent pas plus à exposer les théories peu démocratiques de leur maître que les frères mendiants, amis de la révolution, ne s'en tenaient aux préceptes de l'Évangile. Leurs sympathies étaient avec le peuple et ils le montrèrent dans leurs discours. Wyclif contribua à augmenter le corps de ces nomades; les siens ne se distinguaient pas beaucoup des autres, et s'il rencontra facilement des clercs pour remplir le rôle qu'il voulait, c'est que beaucoup dans le royaume se trouvaient déjà préparés à une semblable mission et n'attendaient que l'occasion.

Tous, d'ailleurs, font une besogne pareille et courent le pays, attroupant les pauvres et les attirant par des harangues où ils disent ce que des malheureux peuvent aimer à entendre. On s'en aperçut bien lors de la révolte, et les ordonnances rendues alors disent clairement quelle redoutable influence était celle des prêcheurs errants. Leurs habitudes et leurs discours même y sont rapportés: ces mécontents ont l'aspect austère; ils vont "de comté en comté, de ville en ville, en certains habits sous dissimulation de grande sainteté." Ils se passent naturellement des papiers ecclésiastiques dont les prédicateurs réguliers doivent être munis; ils sont "sans licence du saint père le pape ou des ordinaires des lieux, ou autre autorité suffisante." Ils ne prêchent pas seulement dans les églises, ils recherchent les endroits publics, les marchés, les carrefours où s'assemble la foule. Et ce n'est pas de théologie qu'ils parlent volontiers; c'est bien la question sociale qui, au fond, les préoccupe; sur leurs lèvres le sermon religieux se fait harangue politique: "lesquelles personnes," dit toujours l'ordonnance, "prêchent de diverses matières d'esclandre pour faire discorde et dissension entre divers états du dit royaume." On les cite à comparaître devant l'autorité ecclésiastique, les ordinaires, mais ils n'ont garde de faire soumission et refusent "d'obéir à leur sommation et mandement." Que les shériffs et autres officiers royaux surveillent désormais avec soin ces prêcheurs errants et envoient en prison ceux qui ne seront pas en règle.

On peut se faire une idée de leurs discours en se rappelant la célèbre harangue du prêtre John Ball, le type de ces orateurs ambulants. Certainement, dans la phrase latine de la *Chronique d'Angleterre*, ses pensées prennent une forme trop solennelle et trop correcte, mais tout ce qu'on sait des sentiments de la multitude en confirme si bien la substance que le fond du discours n'a pu différer de celui que le chroniqueur nous a transmis. C'est un dicton populaire qui sert de texte à John Ball, et il le développe de cette façon:

"Au début, nous avons été créés tous pareils; c'est la tyrannie d'hommes pervers qui a fait naître la servitude, en dépit de la loi de Dieu; si Dieu avait voulu qu'il y eût des serfs il aurait dit, au commencement du monde, qui serait serf et qui serait sëigneur."

Ce qui le rend fort, c'est qu'il puise ses meilleures armes dans la Bible; il en appelle aux bons sentiments des hommes du peuple, à leur vertu, à leur raison; il montre que la parole divine est d'accord avec leur intérêt; ils seront "pareils au bon père de famille qui cultive son champ et détruit les mauvaises herbes...." La multitude enthousiaste lui promettait de le faire archevêque et chancelier de ce royaume où il comptait voir pour tous "liberté égale, grandeur égale, puissance égale," mais il fut pris, traîné, pendu, décapité et coupé en quartiers.

Cependant, politique à part, on pouvait encore trouver au quatorzième siècle des élus de Dieu qui, effrayés par les crimes du monde et l'état de péché où vivaient les hommes, quittaient leur cellule ou le toit paternel pour suivre les villages et les villes et prêcher la conversion. Il en restait, mais ils étaient rares. A l'inverse des autres, ceux-ci ne parlaient pas des affaires publiques, mais des intérêts éternels; ils n'avaient pas toujours reçu les ordres sacrés; ils se présentaient en volontaires de l'armée céleste. Tel était en Angleterre ce Richard Rolle de Hampole dont la vie fut moitié celle d'un ermite, moitié celle d'un prêcheur errant. Il n'était ni moine, ni docteur, ni prêtre; tout jeune il avait abandonné la maison de son père pour aller mener, dans la solitude, à la campagne, une vie contemplative. Là, il médite, il prie, il se mortifie; on vient en foule à sa cellule, on écoute ses exhortations; il a des extases;

ses amis lui enlèvent son manteau tout déchiré, le raccommodent et le lui remettent sur les épaules sans qu'il s'en aperçoive. Pour ajouter à ses peines, le diable le tente "sous la forme," dit l'anachorète lui-même, "d'une très belle jeune femme qu'il avait vue auparavant et qui avait eu pour lui un amour immodéré." Il échappe à grand'peine à la tentation. Il abandonne sa retraite, et pendant longtemps il parcourt l'Angleterre, "changeant de lieu perpétuellement," prêchant pour ramener les hommes au bien. Il se fixe enfin à Hampole, et c'est là qu'il termine sa vie, dans la retraite, écrivant énormément et édifiant tout le voisinage par sa dévotion (1349). A peine est-il mort que son tombeau devient un but de pèlerinage; les gens pieux y apportent des offrandes; des miracles s'y accomplissent. Dans le couvent de nonnes de Hampole, qui tirait grand honneur de la proximité de la tombe, on se hâta de composer un "office de saint Richard, ermite," destiné à être chanté "quand il serait canonisé"; mais jusqu'à nos jours l'office du vieil ermite n'a pas été chanté[1].

Les prêcheurs errants qu'on rencontrait dans les villages n'étaient pas toujours des lollards envoyés par Wyclif, ni des inspirés qui, comme Rolle de Hampole, tenaient leur mission de Dieu; c'étaient souvent des membres d'une immense et puissante caste subdivisée en plusieurs ordres, celle des frères mendiants. Les deux ordres principaux étaient les Dominicains, prêcheurs ou frères noirs, et les Franciscains, mineurs ou frères gris, établis en Angleterre les uns et les autres dès le treizième siècle. Il ne faut pas que les amusantes satires de Chaucer nous ferment les yeux à ce que ces ordres pouvaient avoir de mérite et ne nous laissent voir, dans les religieux mendiants, que d'impudents et lascifs vagabonds, à la fois impies, superstitieux et rapaces. On connaît ce portrait célèbre:

[1] *English Prose Treatises of Richard Rolle de Hampole*, édition Perry, Londres, 1866, 8°.

XII

"C'était le bien-aimé et le familier des franklins de tout le pays—et aussi des femmes de qualité de la ville...—Ses façons à confesse étaient pleines de douceur—et son absolution était remplie de charme.—On le trouvait coulant sur le chapitre des pénitences,—partout où il savait que la pitance serait bonne;—car les cadeaux à un ordre pauvre—sont la marque de la contrition parfaite—.... Toutes les tavernes de toutes les villes lui étaient familières—et tous les aubergistes et les gaies servantes."

Au temps de Chaucer, beaucoup de frères étaient ainsi, mais il y avait des exceptions. Je ne parle pas seulement de ceux, bien rares au quatorzième siècle, qui continuaient les traditions de leur ordre, vivant parmi les pauvres, pauvres comme eux, et, de plus, expérimentés, dévoués, compatissants: celui de Chaucer, au contraire, craignait de fréquenter "un lépreux ou un mendiant" et d'avoir affaire "avec telle canaille." Mais même parmi ceux qui vivaient en dehors de la règle, il y en avait dont les pensées, quelque dangereuses qu'elles fussent, étaient moins basses. Je parle des frères qu'on pouvait confondre avec les simples prêtres de leur ennemi Wyclif et qui étaient sûrement compris avec eux dans le statut de 1382. Il est certain que beaucoup de frères, dans leur carrière nomade, prêchèrent, comme le prêtre John Ball, dans les carrefours et les marchés, les doctrines nouvelles d'émancipation. Aussi, seuls de tout le clergé, ils gardent, au moment de la révolte, une certaine popularité; et les chroniqueurs monastiques, leurs ennemis naturels, étalent complaisamment dans leurs récits ce nouveau grief contre les ordres détestés[1]. Langland, qui maudit la révolte, maudit aussi les frères pour y avoir pris part. C'est Envie qui leur a dit à l'oreille: étudie la logique,

[1] Jack Straw, d'après la confession que rapporte de lui son contemporain le moine, Thomas Walsingham, n'aurait voulu conserver d'autres religieux sur la terre que les frères mendiants.

le droit et les rêves creux des philosophes, et va de village en village prouver que tous les biens doivent être en commun:

> ......and prouen hit by Seneca
> That alle thyng vnder heuene ouhte to beo in comune.

Toujours armé de bon sens, Langland déclare net qu'il en a menti, l'auteur de ces théories subversives: "Non concupisces rem proximi tui," dit la Bible. Jadis la vie des frères fut exemplaire; Charité habitait parmi eux: c'était au temps de saint François.

Et en effet, quelle sainte mission leur avait donnée leur fondateur! Grossièrement vêtus, nu-pieds et mal nourris, ils devaient aller dans les villes chercher, au fond des faubourgs, les abandonnés. Toutes les misères, toutes les laideurs hideuses de l'être humain devaient appeler leur sympathie, et le bas peuple, en revanche, allait les aimer et les vénérer comme des saints. Eccleston[1] raconte qu'un frère mineur mit une fois, sans permission, ses sandales pour aller à matines. Il rêva ensuite qu'il était arrêté par des voleurs qui criaient: "A mort! à mort!—Mais je suis un frère mineur," disait-il, sûr d'être respecté.—"Tu mens, car tu n'es pas nu-pieds!" Le premier de leurs devoirs était de demeurer pauvres afin de pouvoir tenir sans crainte, n'ayant rien à perdre, un ferme langage aux riches et aux puissants du monde. C'est ce que leur rappelait à son lit de mort, en 1253, le savant et courageux Robert Grosseteste, évêque de Lincoln, et il leur citait avec à-propos ce vers de Juvénal:

> Cantabit vacuus coram latrone viator.

Les frères devaient être comme le voyageur sans argent, dont la sérénité d'esprit n'est jamais troublée par la rencontre des voleurs.

[1] Thomas d'Eccleston, auteur du *Liber de adventu minorum in Angliam* (publié par Brewer dans ses *Monumenta franciscana*), vit la période la plus florissante des ordres moindres. Son livre est d'une naïveté extrême et abonde en récits de visions et de faits merveilleux. La vision dont il est question ici se trouve à la page 28 des *Monumenta*.

Saint François n'aurait pas voulu que ses religieux fussent lettrés; on le lui a injustement reproché. Il proscrivait avec sagesse ces subtiles recherches théologiques et métaphysiques qui absorbaient sans utilité la vie des grands clercs. Assez d'autres s'y livreraient toujours; ce qu'il voulait, lui, c'était envoyer par le monde un peuple de missionnaires qui se dévoueraient matériellement, physiquement, au bien des corps et des âmes de tous les délaissés. Ainsi compris, le désintéressement était bien plus absolu, la servitude plus volontaire et l'effet sur les masses plus grand. Pour elles, la subtilité des docteurs n'était pas nécessaire, et l'exemple frappant de la misère du consolateur inattentif à sa propre peine était la meilleure des consolations. Avant tout, il fallait tuer l'orgueil de l'apôtre, et que la grandeur de ses mérites ne fût apparente qu'à Dieu seul. Quand le cœur s'est épuré à ce point, il sait suffisamment ce qu'est la vie et ce qu'est le bien pour être éloquent; l'étude des *Sommes* les plus en réputation devenait inutile. Mais trop de dangers entouraient cette fondation sublime, et le premier était précisément la science: "Charles l'empereur, disait le saint, Roland et Olivier et tous les paladins et tous les hommes forts dans les batailles ont poursuivi à mort les infidèles et à grand'peine et grand labeur ont remporté leurs mémorables victoires. Les saints martyrs sont morts en luttant pour la foi du Christ. Mais il y a, de nos jours, des gens qui, par le simple récit des exploits des héros, cherchent gloire et honneur parmi les hommes. Ainsi en est-il parmi vous qui se plaisent davantage à écrire et à prêcher sur les mérites des saints qu'à imiter leurs travaux."

Saint François fit cette réponse à un novice qui voulait avoir un psautier; il ajoutait d'un esprit assez mordant: "Quand tu auras un psautier, tu voudras avoir un bréviaire, et quand tu auras un bréviaire, tu t'assoiras dans une chaise, comme un grand prélat, et tu diras à ton frère: Frère, apporte-moi mon bréviaire[1]!"

[1] *Speculum vitæ B. Francisci et sociorum eius*; opera fratris G. Spoelberch. Anvers, 1620, 1re partie, chap. IV.

La popularité des frères fut immense et il se trouva bientôt qu'ils avaient accaparé l'Angleterre[1]; ils étaient tout dans la religion. Par une contradiction singulière, leur pauvreté leur avait attiré les richesses, et leur abnégation la puissance; les masures où ils logeaient d'abord étaient devenues de somptueux monastères avec des chapelles grandes comme des cathédrales; les riches s'y faisaient ensevelir dans des tombeaux ciselés avec les derniers raffinements du gothique fleuri. Leurs apologistes du quinzième siècle racontent avec admiration que, dans leur belle bibliothèque de Londres, il y avait une tombe ornée de quatre archanges[2]; que leur église, commencée en 1306, avait trois cents pieds de long, quatre-vingt-quinze de large et soixante-quatre de haut, que toutes les colonnes étaient de marbre et tout le pavé aussi. Les rois et les princes avaient enrichi cet édifice; les uns avaient donné les autels, d'autres les stalles; Édouard III répare, "pour le repos de l'âme de la très illustre reine Isabelle enterrée dans le chœur," la grande verrière du milieu abattue par le vent; Gilbert de Clare, comte de Gloucester, donne vingt troncs d'arbres de sa forêt de Tunbridge. Les riches marchands, le maire, les aldermen suivent l'exemple. On inscrit sur les vitraux les noms des donateurs, et Langland de s'indigner et de rappeler le précepte évangélique: que ta main gauche ignore ce que fait ta main droite. Nous n'en apprenons pas moins que le troisième vitrail de l'ouest avait été donné par Gautier Mordon, marchand de morue salée, *stokefyschmonger*, et maire de Londres. La deuxième fenêtre du sud est due à Jean de Charlton, chevalier, et à sa femme; leurs armes y figurent; la quatrième à Gautier de Gorst, marchand pelletier de Londres; la quinzième au comte de Lancastre; la quatrième à l'ouest provient "du produit de diverses collectes, et c'est ainsi qu'elle ne porte pas de nom."

[1] Il y avait à peine trente ans que les frères avaient paru en Angleterre et ils y possédaient déjà quarante-neuf couvents (*Monumenta franciscana*, édition Brewer, Londres, 1858, 8º, p. 10).

[2] *Monumenta franciscana* ut supra; pp. 514 et suivantes. Cette bibliothèque avait été fondée par le célèbre Richard Whittington maire de Londres en 1397, 1406 et 1419.

Un des donateurs est qualifié de père et ami tout spécial des frères mineurs.

XIII

On pense quel triomphe ce devait être pour les wyclifistes de reprocher aux frères toutes ces splendeurs mondaines; Wyclif y revient sans cesse:

"Les frères construisent beaucoup de grandes églises et de vastes et coûteux monastères et des cloîtres comme des châteaux, et cela sans nécessité....Les grands monastères ne font pas les hommes saints, et c'est par la sainteté seulement qu'on peut servir Dieu[1]."

On dresse aussi d'interminables listes des cardinaux, des évêques et des rois qui ont appartenu à l'ordre, sans oublier même "personæ quædam valentes in sæculo," ce qui est d'une vanité bien mondaine. Enfin ils signalent les morts qui, à l'instant suprême, ont revêtu l'habit des frères: "Frère sire Roger Bourne, chevalier, enterré à Norwich en costume de frère, 1334."

L'orgueil et la richesse des Dominicains sont tout aussi grands. L'auteur de *Peres the Ploughman's crede*, vers la fin du quatorzième siècle, décrit minutieusement mais sans exagération un de leurs couvents, les splendides colonnes qu'on y voit, les sculptures, peintures et dorures qui parent la chapelle, les magnifiques verrières ornées du blason des nobles ou du chiffre des marchands qui les ont données, les tombes imposantes de chevaliers et de belles dames étendues en brillante parure rehaussée d'or.

On voit que les proportions sont renversées; autant le saint avait exigé de modestie, autant on va trouver d'orgueil; les défauts que leur reproche Chaucer se glissent parmi eux; ils deviennent intéressés, avides, rapaces; la mendicité est pour

[1] "Freres bylden mony grete chirchis and costily waste housis, and cloystris as hit were castels, and that withoute nede...grete housis make not men holy, and onely by holynesse is god wel served." (*Select English Works*, t. II, p. 380.)

eux un métier que les uns pratiquent bien et les autres mieux; on leur demandait des miracles d'abnégation, et voilà au contraire en eux des prodiges d'égoïsme. Ce n'est plus la religion, c'est leur ordre qu'il faut protéger; nous avons vu que plusieurs se mêlent des questions sociales; les autres ne prêchent plus en faveur du Christ, ils prêchent en leur faveur; le revirement est complet; tous puisent à pleines mains dans le trésor de bonnes œuvres amassé par leurs premiers apôtres et le dépensent follement. Le respect de la multitude diminue; leur renom de sainteté s'affaiblit; ils jettent dans l'autre plateau de la balance tant de fautes et de désordres qu'il devient prépondérant. Et que reste-t-il désormais? La superstition remplace les pratiques saintes; ils ont appris la métaphysique, et c'est cependant un matérialisme grossier qui vient masquer l'idéal surhumain de François d'Assise; l'attouchement de leur habit vaut une bonne action; on s'en revêt à son lit de mort et les démons prennent la fuite; c'est une cuirasse sans défaut; des visions sans nombre qu'ils ont eues leur ont révélé tous ces articles d'une foi nouvelle.

La sainteté de l'institution et l'indignité d'un grand nombre de représentants font qu'on les vénère et qu'on les déteste à la fois; si méprisable que soit l'homme, on n'est pas assuré qu'il n'ait pas les clefs du ciel, et dans le sentiment qu'on a pour lui se mêlent le respect et la crainte. Aussi les poètes rient des frères, les conteurs populaires les bafouent, et les miniaturistes chargés d'enluminer un imposant volume de décrétales ne craignent pas de les représenter oubliant dans la cuisine du château leur goupillon et leur seau d'eau bénite; le frère reprend son goupillon et va asperger les maîtres à table, puis retourne près de la cuisinière. Le peuple cependant voit dans les frères ses protecteurs et ses alliés en cas de révolte, et à d'autres moments les poursuit dans les rues à coups de pierres. Irrité du "port orgueilleux" des frères prêcheurs, il leur donne la chasse, les maltraite et demande leur extermination. Il n'agit pas mieux envers les mineurs, il arrache leurs habits et saccage leurs maisons, "à l'instigation de l'esprit malin," et cela en divers lieux dans le royaume; il faut, en 1385, une proclamation du roi pour les protéger.

Les communes s'indignent du nombre d'étrangers qu'on trouve parmi les frères et qui sont un danger permanent pour l'État. Elles demandent "qe touz les frères aliens, de quele habite qu'ils soient, voident le roialme avant la feste de seinte Michel, et s'ils demoergent outre la dite feste, soient tenuz hors de la commune ley[1]."

Les frères gardent leur assurance; on les bénissait au temps de leurs bonnes actions: maintenant ils parlent beaucoup et se font craindre; ils parlent haut, c'est du pape seul qu'ils relèvent; ils peuvent aller sans courber la tête; leur puissance est indépendante; ils sont devenus une Église dans l'Église. A côté du curé qui prêche et confesse dans sa paroisse, on trouve le frère errant qui prêche et confesse partout; sa présence universelle est une source de conflits; le curé se voit abandonné; le religieux nomade apporte l'inconnu, l'extraordinaire, et c'est à lui que tout le monde court. Il dépose sa besace et son bâton et commence à discourir: son langage est celui du peuple; la paroisse entière est présente; il s'occupe des biens éternels et aussi des biens de la terre, car la vie laïque lui est familière et il peut donner des conseils appropriés. Mais ses doctrines sont parfois suspectes: "Ces faux prophètes, dit, non pas Wyclif, mais le concile de Saltzbourg (1386), par leurs sermons pleins de fables séduisent souvent l'âme de leurs auditeurs; ils se jouent de l'autorité des curés." Quelle puissance pouvait résister? la marée montait et renversait les digues; l'excellent devenait le pire, *corruptio optimi pessima*, et le vieil adage se trouvait vérifié à la lettre. Toutes les classes de la société ont des griefs contre eux, les seigneurs, les évêques, les moines, les réformés de Wyclif et les gens du peuple; eux cependant gardent leur place; on les retrouve partout à la fois, dans la cabane et dans le château, quêtant chez le riche et frappant aussi à la porte du pauvre; ils s'asseyent à la table du seigneur, qui les traite avec considération;

[1] 20 Éd. III, 1346, *Rotuli parliamentorum*, t. II, p. 162.

chez lui, ils jouent le rôle de religieux à la mode; ils intéressent, ils plaisent. Wyclif les montre qui aiment à parler "devant les lords et à s'asseoir à leur table...à être aussi les confesseurs des lords et des ladies." Ils font songer aux abbés de cour d'une époque moins reculée. D'un autre côté, on les voit exercer dans les villages où ils font leurs tourneés les métiers les plus divers, ils ajoutent à leur besace de quêteurs des provisions de fil, d'aiguilles, d'onguents, dont ils font commerce: on les chansonne, ils continuent et tout le monde rit:

"Ils vagabondent d'ici de là—et vendent toute sorte de mercerie,—comme s'ils étaient de vrais colporteurs;—ils vendent des bourses, des épingles et des couteaux—et aussi des ceintures, des gants pour les filles et pour les femmes."

L'auteur de cette pièce, un contemporain de Chaucer, ajoute: "J'ai été un frère moi-même, pas mal de temps;—je sais donc bien la vérité.—Mais quand je vis que leur existence—ne ressemblait en rien à leurs discours,—je laissai là mon habit de frère."

Entre le scepticisme du siècle et la crédulité aveugle, la superstition fleurit. Les frères ont imaginé de vendre au détail les mérites de leur congrégation. Elle est si nombreuse et prie si dévotement qu'elle a un surplus d'oraisons et croit bien faire d'en distribuer le bénéfice. Les frères parcourent les villages, escomptant cette richesse invisible et vendant aux âmes pieuses, sous le nom de *lettres de fraternité*, des bons sur le ciel. A quoi servent ces parchemins? demandait-on aux frères.—Ils donnent une part dans les mérites de tout l'ordre de saint François.—A quoi sont-ils bons? demandait-on à Wyclif.—"Beaucoup de gens pensent qu'on en peut bien couvrir les pots à moutarde[1]."

[1] "...Bi siche resouns thinken many men that thes lettris mai do good for to covere mostard pottis." (*Select English Works*, t. III, p. 381.)

XIV

Si déconsidérés qu'ils soient à la fin du siècle, les frères n'ont pas cependant perdu toute action sur le peuple. Henri IV, de la maison de Lancastre, usurpe le trône et il trouve bientôt qu'il doit compter avec les frères mineurs. Bon nombre d'entre eux se sont indignés de son entreprise, et prêchent dans le pays, pendant les premières années du règne, que Richard II vit encore et qu'il est le véritable roi. Henri IV les fait emprisonner; l'un d'eux amené en sa présence lui reproche violemment la déposition de Richard: "Mais je n'ai pas usurpé la couronne, j'ai été élu," dit le roi.—"L'élection est nulle si le roi légitime est vivant; s'il est mort, il est mort par toi; s'il est mort par toi, tu ne peux avoir aucun titre au trône!" —"Par ma tête, cria le prince, je ferai trancher la tienne!"

On conseilla aux accusés de s'en remettre à la clémence du roi; ils refusèrent et demandèrent à être jugés régulièrement par un jury. On ne put trouver ni dans la cité, ni dans Holborn, personne qui consentît à siéger comme juré; on dut aller chercher pour cet office des habitants de Highgate et d'Islington. Ceux-ci déclarèrent les frères coupables; ces malheureux furent traînés à Tyburn, pendus, puis décapités, et leurs têtes furent placées sur le pont de Londres (1402). Le couvent reçut la permission de recueillir les restes des suppliciés et de les enterrer en lieu saint. Les jurés d'Islington et de Highgate vinrent en pleurant chez les Franciscains implorer leur pardon pour un verdict dont ils se repentaient. Pendant plusieurs années, malgré ces supplices, des frères continuèrent à prêcher en province en faveur de Richard II et à soutenir qu'il vivait encore, bien que Henri IV ait eu soin de faire faire dans Londres une exhibition publique du cadavre de ce prince.

Au quinzième siècle cependant, la réputation des frères ne fit qu'empirer. Les abus dont ils sont la vivante personnification comptent parmi les plus graves de ceux qui vont donner tant d'adhérents à Luther. S'il reste dans leurs rangs des gens qui savent mourir, comme cet infortuné frère Forest qui fut suspendu vivant par des chaînes au-dessus d'un feu de bois et rôti lentement pendant que l'évêque réformé Latimer lui adressait "de pieuses exhortations[1]" pour le forcer à se repentir (1538), la masse des représentants de leur ordre demeure l'objet du mépris universel. C'est un des rares points sur lesquels il arrive, par accident, aux catholiques et aux protestants de tomber d'accord. Sir Thomas More, décapité pour la foi catholique, avait parlé des frères sur le même ton que son adversaire Tyndal, étranglé pour la foi protestante. Ils ne sont à ses yeux que de dangereux vagabonds. Il raconte, dans son *Utopie*, la dispute d'un frère et d'un bouffon sur la question du paupérisme. "Jamais, dit le frère, vous ne vous débarrasserez des mendiants, à moins que vous ne fassiez encore quelque édit sur nous autres frères.—Eh bien ! dit le bouffon, c'est déjà fait ; le cardinal a rendu un très bon arrêt à votre sujet quand il a décrété que tous les vagabonds seraient saisis et contraints à travailler : car vous êtes les plus francs vagabonds qui soient au monde." La plaisanterie n'est pas légère ; Sir Thomas More, malgré sa réputation d'esprit, ne sut pas souvent mieux faire. Le point à noter est cette renommée qui devient de plus en plus mauvaise, grâce aux tournées intéressées, renouvelées sans cesse dans les fermes et les villages, non plus pour secourir les pauvres gens, mais pour leur demander au contraire une part de ce qu'ils ont ; il faut noter encore cette assimilation qui se fait dans l'esprit du chancelier entre le frère mendiant et le vagabond vulgaire sans feu ni lieu.

[1] Holinshed, *Chronicles*, Londres, 1587, 3 vol. fol., t. III, p. 945. Ce frère avait refusé le serment de suprématie.

CHAPITRE IV

LES PARDONNEURS

Indulgence, au début, signifiait simplement commutation de peine. Les pénitences infligées pour les péchés commis étaient longues: il fallait jeûner et se mortifier pendant des mois et des années. On permit aux fidèles de transformer ces interminables châtiments en des expiations plus courtes. Ainsi un clerc pouvait échanger un an de pénitence contre trois mille coups de fouet, avec récitation d'un psaume à chaque centaine[1]. Les laïques, qui en avaient le choix, préféraient fréquemment un payement en argent, et ces sommes étaient en général bien employées. Elles servaient à l'entretien des ponts et des routes; on les utilisait aussi en reconstruisant les églises, en secourant les malades d'un hôpital et en subvenant aux frais d'une foule d'entreprises d'intérêt public. La totalité des peines était remise par une indulgence plénière; ainsi Urbain II, au concile de Clermont, en accorda une à tous ceux qui, par dévotion pure et non pour conquérir du butin ou de la gloire, iraient à Jérusalem combattre les infidèles. Plus tard, on les distribua avec moins de réserve, et les pardonneurs se chargèrent de les colporter au loin.

Le nom de ces êtres bizarres, dont le caractère est propre au moyen âge à un plus haut degré encore que celui des frères, ne rappelle-t-il pas le rire pétillant de Chaucer, et son amusante peinture ne revient-elle pas à la mémoire? Son pardonneur se décrit lui-même:

[1] Théodore, archevêque de Cantorbéry, au neuvième siècle, dressa une sorte de tarif de ces échanges.

"Mes maîtres, dit-il, quand je prêche dans les églises,—je m'efforce de faire des phrases majestueuses,—et je les lance à toute volée, sonores comme un carillon,—car je sais par cœur tout ce que j'ai à dire;—mon thème est toujours et a toujours été:—la racine de tous les maux, c'est l'avarice...."

En chaire, il se penche à droite, à gauche, il gesticule, il bavarde; ses bras remuent autant que sa langue; c'est merveille de le voir, merveille de l'ouïr.

On ne s'est guère occupé de savoir si le type de personnages ainsi faits n'était pas quelque peu imaginaire et si l'exercice de leur métier était autorisé par l'Église et soumis à des règlements. La recherche des textes de cette espèce montrera une fois de plus la merveilleuse exactitude des peintures de Chaucer; si malicieuses, si piquantes qu'elles soient lorsqu'il s'agit du pardonneur, elles ne renferment pas un trait qu'on ne puisse justifier par des lettres émanées d'une chancellerie papale ou épiscopale. Ces *quæstores* ou *quæstiarii* étaient, et c'est Boniface IX qui parle dans le temps même où le poète écrivait ses contes, tantôt des clercs séculiers et tantôt des frères, mais d'une impudence extrême. Ils se passaient de licence ecclésiastique et s'en allaient de bourgade en bourgade, eux aussi, en véritables colporteurs, montrant leurs reliques et vendant leurs pardons. C'était un métier lucratif et la concurrence était grande; le succès des pardonneurs autorisés avait fait sortir de l'école ou du prieuré une foule de pardonneurs intéressés, avides, aux yeux brillants, comme dans les *Canterbury Tales*[1], véritables vagabonds, coureurs de grands chemins, qui, n'ayant rien à ménager, faisaient hardiment leur métier d'imposteurs. Ils en imposaient, parlaient fort et déliaient sans scrupule sur la terre tout ce qui pouvait être lié dans le ciel. Cela n'allait pas sans de grands bénéfices; le pardonneur de Chaucer gagne cent marcs par an, et c'est naturel, puisque, n'ayant demandé d'autorisation à personne, il ne rendait de comptes à personne et gardait tous les gains pour lui. Dans son langage mesuré, le pape nous en apprend aussi long que

[1] Suche glaring eyghen hadde he as an hare.

le poète, et il semble qu'il veuille recommencer, trait pour trait, la peinture du vieux conteur.

XV

D'abord, nous dit la lettre pontificale, ces pardonneurs jurent qu'ils sont envoyés par la cour de Rome:

"Certains religieux, qui appartiennent même aux divers ordres mendiants, et quelques clercs séculiers, parfois avancés en grade, affirment qu'ils sont envoyés par nous ou par les légats ou les nonces du siège apostolique, et qu'ils ont reçu mission de traiter certaines affaires... de recevoir de l'argent pour nous et l'Église romaine, et courent le pays sous ces prétextes." C'est de Rome en effet que vient le personnage de Chaucer, et c'est contre l'avarice qu'il parle toujours:

"...Un gentil pardonneur—...venu tout droit de la cour de Rome...—son sac devant lui, sur ses genoux,—plein jusqu'au bord de pardons apportés de Rome tout chauds.—...Quoi donc! pendant que je peux discourir—et gagner quelque argent pour mes sermons,—j'irais de plein gré vivre de misère?—...Je prêche et mendie ainsi de pays en pays;—je ne veux pas travailler de mes mains...—Je ne veux pas singer les apôtres; —il me faut à moi de l'argent, de la laine, du fromage, du grain...."

"C'est ainsi, continue le pape, qu'ils proclament, devant le peuple fidèle qui n'est pas sur ses gardes, les autorisations réelles ou imaginaires qu'ils ont reçues; et, abusant irrévérencieusement de celles qui sont réelles, en vue d'un gain infâme et odieux, comblent impudemment la mesure en s'attribuant des autorisations de cette espèce fausses et imaginaires."

Que nous dit le poète? Que le charlatan a toujours de belles choses à montrer, qu'il sait éblouir les simples, qu'il a des parchemins plein son sac avec des sceaux respectables, vrais ou faux sans doute; que le peuple regarde et admire, que le curé enrage et se tait:

"Je déclare d'abord d'où je viens,—puis j'exhibe toutes mes bulles, l'une après l'autre.—Le sceau de notre seigneur le pape, sur ma patente,—je montre d'abord pour sauvegarder ma personne,—que nul homme, prêtre ou clerc, n'ait la hardiesse—de me troubler dans ma sainte mission chrétienne; —alors je raconte mes histoires...—Je dis aussi quelques mots latins—pour donner de la saveur à mon prêche—et pour éveiller la ferveur."

Et ce "turpem et infamem quæstum" dont le pontife fait mention n'est pas oublié:

"Maintenant, mes amis, que Dieu pardonne vos fautes—et vous garde du péché d'avarice;—mes saintes indulgences vont vous purifier tous,—si vous faites offrande de nobles ou d'esterlings—ou bien de cuillers d'argent, de broches, ou d'anneaux.—Courbez la tête sous cette bulle sacrée."

La lettre apostolique reprend: "Pour n'importe quelle petite somme d'argent insignifiante, ils étendent, non pour les pénitents, mais pour ceux d'une conscience endurcie qui persistent dans leur iniquité, le voile d'une absolution menteuse, remettant, pour parler comme eux, des délits horribles, sans qu'il y ait eu contrition, ni accomplissement d'aucune des formes prescrites." C'est aussi ce qu'avoue le pardonneur de Chaucer:

"Je vous absous de ma pleine autorité,—si vous faites offrande, et je vous rends blancs et purs comme à votre naissance.—C'est notre hôte, je pense, qui va commencer,—car il est plus que tous enfoncé dans le crime.—Avance, sire hôte, et fais le premier ton offrande,—et tu baiseras toutes les reliques,—oui, et pour un groat; allons, déboucle ta bourse."

On conçoit que ces pardonneurs de circonstance avaient peu de scrupules et savaient profiter de ceux des autres. Ils relevaient leurs clients de tous les vœux possibles, remettaient toutes les peines, pour de l'argent. Plus il y avait d'interdictions, d'empêchements, de pénitences imposées, plus leurs affaires prospéraient; ils passaient leur vie à défaire ce que le véritable clergé faisait, et cela sans profit pour personne que pour eux-mêmes. C'est encore le pape qui nous le dit: "Moyennant une faible compensation, ils vous relèvent des vœux de chasteté, d'abstinence, de pèlerinage outre-mer, à Saint-Pierre et Saint-Paul de Rome ou à Saint-Jacques de Compostelle et autres vœux quelconques." Ils permettent aux hérétiques de rentrer dans le sein de l'Église, aux enfants illégitimes de recevoir les ordres sacrés; ils lèvent les excommunications, les interdits; bref, comme leur puissance vient d'eux seuls, rien ne les force à la restreindre et ils se la donnent complète et sans limites; ils ne reconnaissent pas de supérieurs et remettent ainsi les peines petites et grandes. Enfin ils affirment que "c'est au nom de la chambre apostolique qu'ils perçoivent tout cet argent, et cependant on ne les voit jamais en rendre aucun compte à personne."

Ils allaient encore plus loin: ils avaient formé de véritables associations pour exploiter régulièrement la confiance populaire; aussi Boniface IX ordonne-t-il que les évêques fassent une enquête sur tout ce qui regarde ces "religieux ou clercs séculiers, leurs gens, leurs complices et leurs associations," qu'ils les emprisonnent sans autre forme de procès, leur fassent rendre compte, confisquent leurs recettes et, si leurs papiers ne sont pas en règle, les tiennent sous bonne garde et en réfèrent au souverain pontife.

Il y avait en effet des pardonneurs autorisés qui versaient le produit de leurs recettes dans le trésor de la cour romaine. Le savant Richard d'Angerville ou de Bury, évêque de Durham, dans une circulaire du 8 décembre 1340, parle de *lettres apostoliques* ou *diocésaines* soumises à un visa rigoureux, dont les pardonneurs réguliers étaient munis. Mais beaucoup s'en passaient, et l'évêque relève un à un les mêmes abus que le pape: "Des plaintes très vives sont venues à nos oreilles de ce que des quêteurs de cette sorte, non sans une grande et téméraire audace, de leur propre autorité, au grand péril des âmes qui nous sont confiées, et se jouant ouvertement de notre pouvoir, distribuent au peuple des indulgences, dispensent de l'exécution des vœux, absolvent les parjures, les homicides, les usuriers et autres pécheurs qui se confessent à eux, et moyennant un peu d'argent accordent des remises pour des crimes mal effacés et se livrent à une foule d'autres pratiques abusives." Que désormais tous curés et vicaires refusent d'admettre ces pardonneurs à prêcher ou à donner des indulgences dans les églises et n'importe où ailleurs, s'ils ne sont pourvus de lettres ou d'une licence spéciale de l'évêque lui-même. C'est que, avec ces bulles venues de si loin, garnies de sceaux inconnus "of popes and of cardynales, of patriarkes and of bisshops[1]," il était trop facile de faire croire qu'on était en règle. En attendant, qu'on dépouille tous ceux qui errent actuellement par le pays et qu'on se saisisse de "l'argent et *autres objets quelconques* recueillis par eux *ou pour leur compte*." Les gens du peuple n'ayant pas toujours des pièces de monnaie, le pardonneur de Chaucer se contentait en effet de "cuillers d'argent, de broches ou d'anneaux"; de plus nous trouvons ici une nouvelle allusion à ces associations de pardonneurs qui devaient être si malfaisantes. Ils employaient des agents inférieurs; la crédulité générale et l'envie très répandue de se débarrasser d'entraves religieuses qu'on s'était imposées soi-même ou qu'on s'était vu imposer en raison de ses péchés étaient pour la bande perverse comme une mine dont elle exploitait soigneusement les filons. Au moyen de ces représentants en sous-ordre de leur puissance imaginaire, ils étendaient aisément le champ de leurs expériences et les fils compliqués de leurs toiles traversaient tout le royaume, tantôt trop forts pour être brisés et tantôt trop subtils pour être aperçus.

XVI

Parfois du reste le mauvais exemple venait de très haut; tous n'avaient pas la vertu de l'évêque de Durham. Walsingham rapporte avec indignation la conduite d'un cardinal qui faisait séjour en Angleterre pour négocier un mariage entre Richard II et la sœur de l'empereur. Pour de l'argent, ce prélat, comme les pardonneurs, levait les excommunications, dispensait du pèlerinage à Saint-Pierre, à Saint-Jacques ou

[1] *Prologue of the Pardoner.*

à Jérusalem, et se faisait donner, après estimation, la somme qu'on aurait dépensée si on avait fait le voyage: et il est bien regrettable, à tous les points de vue, que le curieux tarif des dépenses de voyage ainsi estimées ne nous soit point parvenu.

En même temps qu'ils vendaient des indulgences, les pardonneurs montraient des reliques. Ils étaient allés en pèlerinage et en avaient rapporté des petits os et des fragments de toute espèce, d'origine sainte, disaient-ils. Mais s'il y avait des crédules dans la foule, parmi la classe instruite, les désabusés ne manquaient pas, qui bafouaient sans pitié l'impertinence des imposteurs. Les pardonneurs de Chaucer et de Boccace, et au seizième siècle d'Heywood et de Lyndsay[1], ont les reliques les plus plaisantes. Celui de Chaucer, qui possédait un morceau de la voile du bateau de saint Pierre, aurait été battu par Frate Cipolla, qui avait recueilli à Jérusalem des reliques extraordinaires: "Par grâce spéciale je vous montrerai, disait-il, une très sainte et belle relique, laquelle j'ai moi-même rapportée de la Terre-Sainte d'outre-mer, et qui consiste en une plume de l'ange Gabriel. Elle était restée dans la chambre de la Vierge Marie quand il vint faire l'annonciation à Nazareth[2]!" La plume, qui était *una penna di quelle della coda d'un papagallo*, est remplacée, grâce à quelques mauvais plaisants, par des charbons dans la cassette du saint homme; quand il s'aperçoit de la métamorphose, il n'est point ému; il commence le récit de ses grands voyages et explique comment, au lieu de la plume, on va voir dans son coffret les charbons qui ont grillé saint Laurent. Il les a reçus de "Messer Non-mi-blasmete-se-voi-piace," le digne patriarche de Jérusalem, lequel patriarche lui a montré encore "un doigt de l'Esprit Saint, aussi complet

[1] V. J. J. Jusserand, *Le Théâtre en Angleterre depuis la conquête jusqu'aux prédécesseurs immédiats de Shakespeare* (1066–1583), 2e éd., Leroux, 1881, ch. IV.

[2] "Perciocche divotissimi tutti vi conosco del baron messer santo Antonio, di spezial grazia vi mosterró una santissima e bella reliquia, la quale io medesimo già recai dalle sante terre d'oltremare; e questa è una delle penne dello agnolo Gabriello, la quale nella camera della Virgine Maria rimase quando egli la venne ad annunziare in Nazzaret."

et entier qu'il ait jamais été...et un ongle de chérubin...et quelques rayons de l'étoile qui apparut aux trois mages d'Orient et un flacon de la sueur de saint Michel lorsqu'il combattit le démon," et il lui a donné, "dans une petite bouteille, un peu du son des cloches de Salomon."

Ce sont là plaisanteries de poètes, mais elles sont moins exagérées qu'on ne pourrait croire. Ne montrait-on pas aux pèlerins, à Exeter, un morceau "de la chandelle que l'ange du Seigneur alluma dans le tombeau du Christ?" C'était une des reliques réunies dans la vénérable cathédrale par Athelstane, "le roi très glorieux et très victorieux," qui avait envoyé à grands frais des émissaires sur le continent pour recueillir ces précieuses dépouilles. La liste de leurs trouvailles, qui nous a été conservée dans un missel du onzième siècle, comprend encore un peu du "buisson dans lequel le Seigneur parla à Moïse" et une foule d'autres curiosités[1].

Matthieu Paris raconte que de son temps les frères prêcheurs donnèrent à Henri III un morceau de marbre blanc sur lequel se trouvait la trace d'un pied humain. D'après le témoignage des habitants de Terre-Sainte ce n'était rien moins que la marque d'un des pieds du Sauveur, marque qu'il laissa comme souvenir à ses apôtres, lors de son ascension. "Notre seigneur le roi fit placer ce marbre dans l'église de Westminster à laquelle il avait déjà offert peu auparavant du sang de Jésus-Christ."

Les rois continuent au quatorzième siècle à donner l'exemple au menu peuple et à acheter des reliques d'une authenticité douteuse. On voit par les comptes des dépenses d'Édouard III qu'il paya cent shillings, la trente-sixième année de son règne, pour avoir un habit qui avait appartenu à saint Pierre. Ce n'était pas très cher, et il faut bien que le vendeur et l'acheteur aient eu eux-mêmes quelques doutes sur la sainteté de la relique. On voit, en effet, le même roi payer dix fois plus, c'est-à-dire cinquante livres, un cheval bai brun appelé Bayard

[1] *The Leofric Missal* (1050–1072), éd. F. E. Warren (Clarendon Press).

qui avait les pieds de derrière blancs, et soixante-dix livres un cheval gris pommelé, appelé Labryt.

En France à la même époque, le sage roi Charles V eut un jour la curiosité de visiter l'armoire de la Sainte-Chapelle où étaient les reliques de la passion. Il y trouva une ampoule avec une inscription en latin et en grec indiquant que le contenu était un peu du sang de Jésus-Christ. "Adont, raconte Christine de Pisan, ycelluy sage roy, pour cause que aucuns docteurs ont voulu dire que, au jour que Nostre Seigneur ressuscita, ne laissa sur terre quelconques choses de son digne corps que tout ne fust retourné en luy, volt sur ce scavoir et enquérir par l'opinion de ses sages, philozophes natureuls et théologiens, se estre pouoit vray que sur terre eust du propre pur sang de Jhesu-Crist. Colacion fu faicte par les dicts sages assemblez sus ceste matière; la dicte ampolle veue et visitée à grant révérance et solemnité de luminaire, en laquelle, quant on la penchoit ou baissoit, on véoit clerement la liqueur du sang vermeil couler au long aussi fraiz comme s'il n'eust que trois ou quatre jours qu'il eust esté seignez: la quelle chose n'est mie sanz grant merveille, considéré le long temps de la passion.— Et ces choses scay-je certainement par la relacion de mon père, qui, comme philozophe serviteur et conseillier dudit prince, fu à celle colacion."

Après cet examen fait "à grant solemnité de luminaire," les docteurs se déclarèrent pour l'authenticité du miracle: lequel n'était en réalité pas plus surprenant que celui de la cathédrale de Naples où l'on voit, aujourd'hui encore, se liquéfier, plusieurs fois par an, le sang du patron de la ville[1].

Les pardonneurs vivaient joyeusement; certes, après une journée bien remplie, ils devaient être à l'auberge de gais compagnons. La pensée de la multitude de péchés qu'ils avaient remis, d'excommunications qu'ils avaient levées, de peines qu'ils avaient commuées, eux simples vagabonds menacés de potence, la conscience de leur impunité, la singu-

[1] *Le livre des fais et bonnes meurs du sage roy Charles*, éd. Michaut, Paris, 1836, 2 vol. 8°, t. I, p. 633, ch. XXXIII.

larité de leur existence, la triomphante réussite de ces folles harangues qui leur donnaient la clef du ciel, devaient faire monter à leur cœur des bouffées incroyables de grosse joie brutale. Leur tête remplie d'anecdotes leur fournissait la matière d'interminables bavardages où le sacré et le profane, la grossièreté native et la dévotion d'emprunt, l'homme réel et l'homme factice, se rencontraient brusquement au bruit des brocs et des écuelles qui se heurtaient sur la table. Voyez à la marge d'un vieux psautier[1] la sèche figure de maître Renard, crosse entre les pattes, mitre en tête ; il fait un sermon à la foule ébahie des canards et des oies de la basse-cour. Le geste est plein d'onction, mais l'œil abrité par le poil fauve a un éclat cruel qui devrait faire prévoir la péroraison. Mais non, la basse-cour glousse dévotement et ne se doute de rien ; malheur aux canards quand la mitre sera tombée : "et tu Domine, deridebis eos," dit le psalmiste précisément à cet endroit.

XVII

Quelle connaissance singulière du cœur humain devaient avoir de tels individus et quelles expériences curieuses ils devaient faire chaque jour ! jamais êtres plus indignes ne s'étaient parés de pouvoirs surnaturels plus grands. Il rit, le monstre difforme, accroupi au chevet de la cathédrale ; il grimace hideusement sur son piédestal aérien. Et dans l'espace, jusqu'aux nuages, montent les flèches à jour ; les aiguilles ciselées se détachent en dentelle sur le ciel, les saints font, sous le porche, leur prière éternelle, les cloches envoient leurs volées dans l'air et les âmes sont saisies, comme d'un frisson, de ce tremblement mystérieux que le sublime fait éprouver. Il rit : les cœurs se croyaient purifiés ; mais il a vu leurs plaies hideuses, une main puissante les élargira ; la bordure des toits touche aux nuages ; mais son regard plonge dans la

[1] Psautier de la reine Marie (commencement du quatorzième siècle), ms. 2. B VII, au British Museum. Cette allégorie était un sujet favori parmi les miniaturistes et on la retrouve dans beaucoup d'autres mss.

lucarne, il voit une poutre qui cède, les ais vermoulus qui craquent et tout un peuple d'êtres obscurs qui poursuivent lentement dans les combles leur travail séculaire de démolition: il rit et grimace hideusement.

Au fond de sa taverne le pardonneur est encore assis. C'est Chaucer qui entre, c'est le chevalier, c'est l'écuyer, c'est le frère, c'est l'hôte, vieilles connaissances. Nous sommes entre nous, on peut parler sans crainte, la bière mousseuse rend les cœurs expansifs, et voilà les replis secrets de cette âme tortueuse qui se déroulent à la vue: c'est le résumé de toute une vie qu'il nous donne, la théorie de son existence, la clef de tous ses secrets. Qu'importe sa franchise? il sait qu'elle ne peut pas lui nuire; vingt fois l'évêque a mis à jour ses pratiques, et la foule s'est toujours attroupée autour de lui. Et ses compagnons, qui sait, ses compagnons plus éclairés, à qui il fait voir les ressorts cachés de l'automate, qui sait si demain ils la croiront sans vie? leur mémoire, leur raison le leur diront et leur cœur doutera encore. Si l'habitude fait la moitié des croyances, la leur est enracinée, combien plus celle de la foule! Et le pardonneur aussi, pensez-vous qu'il voie toujours clairement ce qu'il est, croyez-vous que son scepticisme soit absolu? lui pour qui rien n'est saint et dont l'existence même est une dérision perpétuelle des choses sacrées, il a aussi ses heures de crainte et de terreur, il tremble devant cette puissance formidable qu'il a dit tenir entre ses mains et dont il a fait un ridicule jouet; lui ne l'a pas, mais d'autres la possèdent, pense-t-il, et il hésite: le monstre se regarde et il a peur.

Elle était facile à diriger dans le sens du merveilleux, la croyance populaire. Les règlements défendent de faire apparaître des larves ou des revenants dans ces longues veillées qu'on passait autour des cadavres, et on essaie de désobéir, on croit le faire. En présence de l'horrible il se produisait dans les cœurs une réaction étrange, on sentait passer comme un vent de folie qui prédisposait à tout voir et à tout croire, une gaieté nerveuse et diabolique s'emparaît des êtres, et les danses et les jeux lascifs s'organisaient. On dansait dans les cimetières pendant ces nuits de deuil qui précédaient les fêtes, et on dansait aussi pendant la veillée des morts. Le concile d'York en 1367 défend "ces jeux coupables et ces folies et toutes ces coutumes perverses...qui transforment une maison de larmes et de prières en une maison de rire et d'excès." Le concile de Londres en 1342 prohibait de même "les coutumes superstitieuses qui font négliger la prière et tenir en pareil lieu des réunions illicites et indécentes[1]." La guild des pèlerins de Ludlow permet à ses membres d'aller aux veillées des morts, pourvu qu'ils s'abstiennent de susciter des apparitions et de tous jeux déshonnêtes. Quant aux sorcières de profession, elles allaient au bûcher, comme cela arriva, à cette époque, à Pétronille de Meath, convaincue d'avoir fabriqué des poudres avec "des araignées et des vers noirs, pareils à des scorpions, en y mêlant une certaine herbe appelée millefeuille et d'autres herbes et vers détestables." Elle avait fait aussi de telles incantations que "le visage de certaines femmes semblait cornu comme des têtes de chèvres"; aussi elle eut sa juste punition: "on la brûla devant une multitude immense de peuple avec tout le cérémonial usité." Des faits pareils peuvent seuls expliquer l'existence du pardonneur.

Ajoutez que la recherche de la pierre philosophale était l'occupation constante de beaucoup de docteurs redoutés; tout le monde n'avait pas ce clair bon sens, cette verve facile, cette souveraine bonne humeur et aussi cet esprit pénétrant qui permettent à Chaucer de nous dévoiler en riant les mystères de l'alchimiste. Il secoue tous les alambics et toutes les cornues et dans ces appareils aux formes bizarres, qui effraient l'imagination, il nous fait voir non pas le lingot de métal pur nouvellement créé, mais le mélange préparé d'avance par l'imposteur[2]. On attribuait aux plantes et aux pierres des

[1] Labbe, *Sacrosancta concilia*, édition de Florence, t. XXV, col. 1177, et t. XXVI, col. 462. En 1419, Henri Chicheley, archevêque de Cantorbéry, prescrit des prières publiques, des litanies et des processions pour protéger le roi d'Angleterre et son armée contre les opérations néfastes des magiciens (Wilkins, *Concilia Magnæ Britanniæ*, t. III, p. 393).

[2] *The Canon's Yeoman's Tale.*

vertus surnaturelles; les contemporains renchérissaient sur les inventions antiques en les rajeunissant. Gower croit bien faire en intercalant dans un poème d'amour tout ce qu'il sait sur la constitution du monde et les vertus des choses[1]; chez les véritables savants, la masse des indications fabuleuses remplit des volumes. Barthélemi de Glanville, dont l'ouvrage est une encyclopédie des connaissances scientifiques au quatorzième siècle, rappelle que le diamant détruit l'effet du venin et des incantations magiques et rend manifeste la peur de quiconque en porte; la topaze empêche les morts subites, etc.

Quand on songe à tant de vaines croyances qui embarrassaient les cerveaux d'alors, il est difficile de ne pas se rappeler, et avec un grand sentiment de plaisir, que dans un âge qui n'était nullement exempt de ces faiblesses, personne ne les a condamnées avec plus d'éloquence que notre Molière: "Sans parler du reste, jamais, dit-il, il n'a été en ma puissance de concevoir comme on trouve écrit dans le ciel jusqu'aux plus petites particularités de la fortune du moindre homme. Quel rapport, quel commerce, quelle correspondance peut-il y avoir entre nous et des globes éloignés de notre terre d'une distance si effroyable? et d'où cette belle science enfin peut-elle être venue aux hommes? Quel dieu l'a révélée? ou quelle expérience l'a pu former de l'observation de ce grand nombre d'astres qu'on n'a pu voir encore deux fois dans la même disposition?"

Peine et éloquence perdues, il y aura toujours des Timoclès pour observer, d'un air sage: "Je suis assez incrédule pour quantité de choses, mais pour ce qui est de l'astrologie, il n'y a rien de plus sûr et de plus constant que le succès des horoscopes qu'elle tire[2]."

De même s'évanouissaient en fumée les tempêtes que Chaucer, Langland et Wyclif suscitaient contre les pardonneurs hypocrites de leur temps.

[1] Tout le livre VII de sa *Confessio amantis* est consacré à l'exposition d'un système du monde et à la description de la nature intime des êtres et des substances qu'il est difficile de connaître. Le *Roman de la rose* n'est pas moins explicite sur ces matières (confession de *Nature* à *Genius*).

[2] *Les amants magnifiques*.

CHAPITRE V

LES PÈLERINAGES ET LES PÈLERINS

XIX

Malgré le talent des médecins, des devins même et des sorciers, il y avait des maladies qui résistaient aux meilleurs remèdes, et alors on promettait d'aller en pèlerinage ou on s'y faisait porter pour demander sa guérison. Les pèlerinages étaient incessants; on s'y rendait pour satisfaire à un vœu comme en cas de maladie, ou simplement en expiation de ses péchés[1]. On allait prier saint Thomas de Cantorbéry ou Notre-Dame de Walsingham. On allait aussi au tombeau de l'égoïste comte de Lancastre[2] dont la passion populaire avait fait un saint. La foule se pressait, par esprit de contradiction, à Pontefract où le rebelle avait été décapité, et les pèlerins devenaient chaque jour plus nombreux, au grand scandale de l'archevêque d'York. Une lettre de ce prélat montre l'inutilité des prohibitions; la pensée du semblant de persécution des croyants organisée par un archevêque excite le zèle et la dévotion; on imagine plaire au martyr en se laissant martyriser un peu soi-même. Aussi, en attendant la canonisation, il se

[1] Les confesseurs donnaient fréquemment comme pénitence un pèlerinage à faire, et prescrivaient parfois qu'on voyageât soit nu-pieds soit en chemise, sinon même tout à fait nu: "Comune penaunce," dit, dans son grand sermon, le *parson* de Chaucer, "is that prestes enjoynen men comunly in certeyn caas, as for to goon peradventure naked in pilgrimage or barfot." (*Works*, éd. Morris, t. III, p. 266.)

[2] Cousin d'Édouard II, exécuté en 1322. Froissart n'a aucun doute sur l'authenticité de ses miracles: "...le comte de Lancastre qui moult étoit bon homme et saint, et fit depuis assez de beaux miracles au lieu où il fut décolé." (1re partie, liv. I, chap. v.)

forme près de la tombe des assemblées si nombreuses et si tumultueuses qu'on y signale "des homicides et des blessures mortelles...et que des dangers plus grands encore et sans doute fort imminents sont à redouter." Cela se passait l'année même qui avait suivi l'exécution du comte; il est enjoint à l'official d'empêcher à tout prix ces réunions et de les disperser, en attendant que le pape prononce; mais les rassemblements persistent et Henri de Lancastre écrit en 1327 à l'archevêque d'York pour le prier d'en référer au souverain pontife et de "témoigner la fame des miracles que Dieu ouvre pour notre très cher seigneur et frère." En 1338, un épicier de Londres vend un hanap de bois orné d'une "image de *saint Thomas de Lancastre*." Humphrey de Bohun, comte de Hereford et d'Essex, mort en 1361, lègue de l'argent à des gens pieux qui feront divers pèlerinages pour son compte, et il recommande notamment qu'on loue "un bon homme et loyal," chargé d'aller à "Pontefract et offrir à la tombe Thomas, jadis comte de Lancastre, 40 *s*.[1]" Faire du rebelle un saint était le moyen le plus énergique de protester contre le roi, et le peuple ne manquait guère cette occasion lorsqu'il était gouverné par certains rois. Henri III, en 1266, est obligé de défendre que Simon de Montfort soit considéré comme saint; or Simon était mort excommunié, ainsi que le représentaient au roi les évêques et barons auteurs des pétitions comprises dans le *Dictum de Kenilworth*; il avait donc peu de chances d'être canonisé. Mais cela n'empêchait pas de composer en son honneur des hymnes latines, en petits vers, comme pour un saint[2].

Le rebelle était à peine mort que le sentiment populaire, souvent défavorable au héros pendant sa vie, ne reconnaissait plus en lui qu'un révolté contre l'ennemi commun, et par

[1] On avait construit une chapelle sur la "mountaigne" où le comte avait été décapité.

Salve Symon Montis Fortis,
Tocius flos milicie,
Duras penas passus mortis,
Protector gentis Anglie.

. . . . .

sympathie lui assignait sa place au ciel. La révolte active brusquement interrompue par un supplice se perpétuait ainsi à l'état latent et tout le monde venait voir Dieu lui-même prendre le parti des opprimés et proclamer l'injustice du roi en faisant des miracles sur le tombeau du condamné. Le souverain se défendait comme il pouvait, il dispersait les attroupements et prohibait les miracles. Ainsi Édouard II, en 1323, écrit "à ses fidèles Jean de Stonore et Jean de Bousser," prescrivant une enquête qui sera suivie de mesures plus graves. Il leur rappelle que, "il y a peu de temps, Henri de Montfort et Henri de Wylynton, ennemis du roi et rebelles, sur l'avis de la cour royale, ont été écartelés et pendus à Bristol, et il avait été décidé que leurs corps, aussi longtemps qu'il en resterait quelque chose, demeureraient attachés au gibet, pour que d'autres s'abstinssent de crimes et de méfaits pareils contre le roi." De ces restes sanglants et mutilés, par une protestation violente, le peuple a fait des reliques et les entoure avec respect. Reginald de Montford, Guillaume de Clyf, Guillaume Courtois et Jean son frère et quelques autres, pour rendre le roi odieux au peuple, ont organisé sur les lieux où les corps de ces ennemis et rebelles sont encore suspendus, de faux miracles.

Il fallait sévir de tous les côtés à la fois; pendant qu'on vénérait les cadavres des suppliciés de Bristol, la seule image de Thomas de Lancastre dans la cathédrale de Londres attirait une foule de pèlerins et faisait aussi des miracles. Cette même année 1323, Édouard II écrit avec une grande irritation à l'évêque:

"Il est venu à nos oreilles (et cela nous est très désagréable) que beaucoup de personnes appartenant au peuple de Dieu confié à votre garde, victimes d'une duperie infernale, s'approchaient dans leur folie d'un panneau placé dans votre église de Saint-Paul où se trouvent des statues ou des images peintes et notamment celle de Thomas, jadis comte de Lancastre, rebelle, notre ennemi. Sans aucune autorisation de l'Église romaine, ces gens vénèrent et adorent cette image et affirment qu'il se fait là des miracles: ce qui est un opprobre pour toute l'Église, une honte pour nous et pour vous, un danger manifeste pour les âmes du peuple susdit et un exemple dangereux."

L'évêque le sait, continue le roi, et encourage en secret ces pratiques, sans autre motif que de profiter des offrandes, "ce dont, ajoute Édouard II, nous sommes affligés profondément." Suivent les prohibitions habituelles.

C'étaient là des pèlerinages de circonstance. Il y en avait d'autres que la réputation de sainteté d'un mort, et non son ancienne influence politique, mettaient aussi en faveur pour quelque temps. Pendant des années on vint en foule visiter la tombe de Richard Rolle, ermite d'Hampole, mort en 1349, sans attendre bien entendu que ce solitaire eut été canonisé, car il ne le fut jamais. Parfois les couvents qui n'avaient ni reliques, ni corps de saints illustres pour attirer les pèlerins, ni aubépine merveilleuse comme celle de Glastonbury, faisaient fabriquer par un artiste pieux une image digne d'attention; elle était inaugurée avec solennité et on cherchait ensuite à la mettre en renom par tous les moyens permis. Thomas de Burton, abbé de Meaux, près Beverley, raconte dans la chronique qu'il rédigea lui-même, à la fin du quatorzième siècle, des événements intéressant son riche monastère, un fait de ce genre, des plus remarquables. L'abbé Hugues de Leven, un de ses prédécesseurs, avait, dans la première moitié du siècle, commandé pour le chœur de la chapelle un nouveau crucifix. "Et l'artiste ne travaillait à aucune partie belle et importante de son ouvrage, si ce n'est les vendredis, et en jeûnant au pain et à l'eau. Et il avait sous les yeux pendant tout le temps un homme nu, et il s'appliquait à donner à son crucifix la beauté du modèle. Par le moyen de ce crucifix, le Tout-Puissant fit des miracles manifestes, continuellement. On pensa alors que si l'accès jusqu'à ce crucifix était permis aux femmes, la dévotion commune en serait augmentée et de grands avantages en résulteraient pour notre monastère. Sur quoi l'abbé de Cîteaux, à notre requête, nous accorda la licence de laisser les hommes et les femmes honnêtes approcher dudit crucifix: pourvu toutefois que les femmes n'entrassent pas dans le cloître, le dortoir et les autres parties du monastère....Mais, profitant de cette licence, pour notre malheur, les femmes se sont mises à venir en nombre à ce crucifix, bien qu'en elles la dévotion soit refroidie et qu'elles ne se présentent que pour regarder l'église. Elles ne servent qu'à augmenter notre dépense par l'obligation où nous sommes de les recevoir."

XX

Cette plainte naïve est intéressante à bien des points de vue; elle montre sans détours comment on s'y prenait pour mettre en faveur tel ou tel sanctuaire auprès des pèlerins: dans le cas présent, l'effort tenté ne réussit pas, les prodiges ne semblent pas avoir répondu à l'attente et on ne vint plus que par curiosité visiter l'église du couvent. Au point de vue artistique, le fait est plus important encore, car c'est là le plus ancien exemple de sculpture d'après le modèle vivant, d'après le nu, qu'on ait en Angleterre, exemple très digne de remarque.

Un autre essai du même genre, pour populariser une chapelle, avait été expérimenté dans l'église paroissiale de Foston (1313); mais l'archevêque d'York, William Grenefeld, s'était scandalisé d'un tel abus et par une belle lettre pleine de sens, il avait mis fin au "grand concours de gens simples qui venaient visiter une certaine image de la Sainte Vierge placée récemment dans l'église, comme si cette image avait quelque chose de plus divin qu'aucune de ses pareilles...."

Pèlerinages de circonstance à part, en temps ordinaire, chez les Anglais, on allait plutôt à Notre-Dame de Walsingham, ou bien on louait des chevaux à Southwark, avec relai à Rochester et on partait pour Saint-Thomas de Cantorbéry. Cette route étant la grand'route du continent, un service régulier de chevaux de louage avait été établi sur son parcours; on payait douze pence de Southwark (Londres) à Rochester, douze pence de Rochester à Cantorbéry, six pence de Cantorbéry à Douvres. Les chevaux étaient marqués au fer rouge d'une manière bien apparente pour que des voyageurs peu scrupuleux ne fussent pas tentés de quitter la route et de s'approprier leurs montures. Le sanctuaire de Notre-Dame de Walsingham et celui de Saint-Thomas avaient une réputation européenne[1]; riches et pauvres s'y présentaient en foule; Chaucer, qui nous montre tous les rangs de la société confondus pendant le cours d'un voyage saint, ne doit pas être taxé d'invraisemblance. La grande majorité de ces pèlerins étaient sincères et de bonne foi: ils avaient fait un vœu et venaient l'accomplir. Dans ces dispositions, le chevalier, qui trouvait sur sa route un pèlerin comme lui-même, devait être moins disposé que jamais à le traiter avec hauteur; du reste, si les distances étaient grandes de classe à classe à cette époque, la familiarité l'était plus encore. La distance a bien diminué aujourd'hui et la familiarité aussi, comme par compensation. Le seigneur se sentait assez au-dessus des gens du peuple pour ne pas craindre d'user avec eux, à l'occasion, d'une sorte d'intimité joviale; aujourd'hui que les supériorités de rang ont moins d'importance, chacun se montre plus attentif et prend garde de ne pas franchir une limite qu'on ne voit presque plus.

Arrivé au but du voyage, on priait; on priait avec ferveur, dans la posture la plus humble. Un émoi religieux remplissait l'âme quand du fond de la majestueuse allée des grands piliers de l'église, dans le demi-jour coloré des nefs, on devinait du cœur, sans le bien voir encore des yeux, le mystérieux objet qu'on était venu vénérer de si loin, au prix de tant de fatigues. Si l'homme pratique, accouru au galop de son cheval pour marchander avec le saint la faveur de Dieu, si l'émissaire

[1] Les étrangers, comme les Anglais, avaient une grande vénération pour saint Thomas de Cantorbéry et allaient faire offrande à sa châsse quand ils pouvaient. Le 3 août 1402, un décret du sénat vénitien autorisa Lorenzo Contarini, capitaine des galères vénitiennes en partance pour les Flandres, à visiter cette châsse conformément à son vœu. Il devait le faire quand les galères seraient à Sandwich, et aller et revenir en un jour, n'ayant pas le droit de dormir hors de son vaisseau. (*Calendar of State Papers and mss. relating to English affairs existing in the archives and collections of Venice and in other libraries of northern Italy*; edited by Rawdon Brown, Londres, 1864, 8°, t. I, p. 42.)

envoyé pour faire offrande au nom de son maître gardaient la paupière sèche et l'œil brillant, des larmes jaillissaient sur les joues du pauvre et du simple d'esprit; il goûtait pleinement l'émotion pieuse qu'il était venu chercher, la paix du ciel descendait dans son cœur et il s'en allait consolé.

Les partisans de Wyclif, les non-croyants étaient le petit nombre; ils étaient poursuivis sévèrement et dans l'abjuration solennelle de leurs hérésies, à laquelle on les réduisait d'ordinaire, mention expresse était faite des saints pèlerinages. C'est ce que montre le serment d'abjuration du lollard William Dynet de Nottingham; il s'engage, le 1er décembre 1395, devant l'archevêque d'York, "de ce jour en avant, à vénérer les images, à leur faire des prières et des offrandes en l'honneur des saints qu'elles représentent, et à ne jamais plus mépriser les pèlerinages." A la réforme seulement, le doute deviendra général, et, du paysan au baron, tout le peuple s'assimilera des raisonnements comme ceux de Latimer:

"Que pensez-vous de ces images dont les unes ont meilleure renommée que les autres, vers lesquelles on se rend au prix de tant de peines et de fatigues corporelles, qu'on fréquente à si grands frais, qu'on recherche et visite avec une telle confiance? que dites-vous de ces images si fameuses, si nobles, si célèbres, dont il y a en Angleterre une variété et un nombre si grands? Pensez-vous que cette préférence de telle peinture à telle autre, d'une image à une autre image soit, non pas un abus, mais la façon dont il convient d'user des images?"

En attendant, on prie dévotement. La prière achevée chacun fait, en proportion de sa fortune, une offrande au saint. Quand le roi, dans ses perpétuelles allées et venues, se détournait pour visiter une châsse vénérée, il était d'usage qu'il donnât sept shillings. Les ordonnances d'Édouard II sur la tenue de sa maison font mention expresse de la somme. Ensuite on achetait, comme aujourd'hui, des médailles en souvenir du lieu. Seulement elles étaient en étain ou en plomb et à jour, un peu comme celles de Sainte-Anne d'Auray en Bretagne, mais plus grosses. A Cantorbéry, elles représentaient saint Thomas ; à Saint-Jacques, des coquilles ; à Amiens, la tête de saint Jean-Baptiste ; à Rome, le saint suaire qu'on appelait *Vernicle*[1]. On portait ces souvenirs, dont les collections d'antiquités renferment encore des spécimens, bien apparents, cousus sur sa poitrine ou à son chapeau. Le chapeau du roi Louis XI en était toujours garni ; on sait jusqu'où ce prince poussait la vénération pour les reliques, les médailles et les images : "Et véritablement, écrit son contemporain, Claude de Seyssel, sa dévotion sembloit plus supersticieuse que religieuse. Car en quelque ymage ou église de Dieu et des sainctz et mesmement de nostre dame qu'il entendist que le peuple eust dévotion ouquel se fist quelque miracle, il y alloit faire ses offrandes ou y envoyoit homme exprès. Il avoit au surplus son chapeau tout plain d'ymages la plus part de plomb ou d'estain, lesquelles à tous propos quant il lui venoit quelques nouvelles bonnes ou mauvaises ou que sa fantaisie lui prenoit, il baisoit, se ruant à genoulx quelque part qu'il se trouvast si soubdainement quelque fois qu'il sembloit plus blessé d'entendement que sage homme[2]."

De même que le roi Louis XI, les pèlerins de profession portaient en grand nombre des images et des médailles sur leurs habits. Car, à côté du pèlerin de circonstance qui venait faire offrande à telle ou telle châsse en accomplissement d'un vœu et retournait ensuite reprendre le cours de sa vie ordinaire, il y avait le pèlerin par état, le *palmer* ou paumier, dont l'existence entière se passait à voyager d'un sanctuaire à l'autre, toujours en route et toujours mendiant. Le frère, le pardonneur et le *palmer* sont les trois types les plus curieux

[1] L'auteur de la suite des *Canterbury Tales* (commencement du xve siècle) montre les pèlerins, une fois arrivés à Cantorbéry, achetant de ces sortes de médailles, *signys* ou *brochis*. C. Roach Smith en décrit plusieurs des treizième et quatorzième siècles, et il en donne le dessin (*Journal of the Archæological Association*, t. I, p. 200). Le pardonneur de Chaucer avait un *vernicle* à son chapeau.

[2] *Les louenges du roy Louys XI de ce noms*, nouvellement composées...par maistre Claude de Seyssel, docteur en tous droits, Paris, 1508, 4°.

de la race religieuse nomade, parce qu'ils n'ont guère d'équivalent de nos jours. Tous n'avaient pas une vie également errante: le *palmer*, qui changeait constamment de pays, dépassait les autres sur ce point. Comme le pardonneur, il avait une grande expérience des choses et des hommes; il avait beaucoup vu, mais à ce qu'il avait retenu se mêlait une foule d'imaginations nées de son cerveau. Lui aussi avait à édifier la multitude à qui il tendait la main, et les belles histoires dont il était le héros ne devaient pas lui manquer, sous peine de mourir de faim; c'était son gagne-pain; à force de répéter ses contes il finissait par y croire à demi, puis tout à fait, et sa voix prenait dès lors cet accent de vérité qui peut seul faire naître dans l'auditoire la conviction.

XXI

Du reste il venait de si loin qu'il avait pu voir bien des merveilles: autour de nous, pensait-on, la vie coule sans prodiges et presque sans accidents dans sa plate monotonie; mais on sait que dans les pays lointains il en est tout différemment[1]. Et la meilleure preuve est que nul de ceux qui ont entrepris le voyage ne déclare avoir été déçu, bien au contraire; au surplus, le plaisir de les croire est assez innocent et nous aurions tort de nous le refuser.

[1] Ces histoires des pèlerins et des voyageurs revenant de pays étrangers, Chaucer les avaient bien souvent entendues; loin d'y croire, il en avait ri. Pèlerins, matelots, messagers rivalisaient de son temps dans leurs récits de merveilles lointaines:

And, lord! this hous in alle tymes
Was ful of shipmen and pilgrimes,
With scrippes bret-ful of leseyngs,
Entremedled with tydynges,
And eke allone be hemselve.
O, many a thousand tymes twelve
Saw I eke of these pardoners,
Currours and eke messangers,
With boystes crammed ful of lyes:
As ever vessel was with lyes.

(*House of Fame*.)

Ainsi raisonnait machinalement la foule qui écoutait et riait quelquefois, mais le plus souvent se recueillait et demeurait attentive. Le pèlerin était assez respecté pour vivre, et il avait soin, par le récit de ses misères, de se rendre plus vénérable encore; les médailles de plomb cousues à ses habits en grand nombre parlaient haut en sa faveur, et l'on recevait bien un homme qui avait passé par Rome et par Jérusalem et pouvait donner des nouvelles des "adorateurs" de Mahomet. Il avait un sac suspendu au côté pour les provisions, et un bâton à la main; au sommet du bâton, une pièce de métal avec une inscription appropriée, comme par exemple la devise d'un anneau de bronze trouvé à Hitchin, une croix et ces mots: "Hæc in tute dirigat iter"; qu'elle te conduise et te protège dans ta route[1].

Mais, comme nous l'avons remarqué, la race errante tout entière était mal vue des officiers du roi; ces allées et ces venues inquiétaient le shériff. Nous savons que les ouvriers las de leur maître le quittaient sous prétexte de pèlerinages lointains et déposaient sans scrupule le bâton voyageur à la porte d'un nouveau maître qui les payait mieux. Les faux pèlerins n'étaient pas plus rares que les faux pardonneurs et les faux ermites; aussi sont-ils condamnés au repos, sous peine de prison, par les mêmes statuts que les mendiants et les ouvriers errants. Il leur faudra désormais, comme à ceux-ci, ordonne Richard en 1388, des lettres de passe avec le sceau spécial confié à certains prud'hommes. Sans cela, qu'on les arrête, à moins qu'ils ne soient infirmes et incapables de travail, car il est évident alors qu'ils ne vont pas à Walsingham par amour

[1] Voir le dessin de cet anneau dans le tome VIII du *Journal of the Archæological Association*, p. 360. Le bâton ou bourdon et le sac ou "écharpe" étaient les insignes notoires des pèlerins. Dans le roman de *King Horn*, le héros rencontre sur sa route un *palmer*, et, pour se déguiser, change d'habits avec lui; dans cette transformation, l'auteur ne signale que les points caractéristiques, c'est-à-dire le bâton et le sac:

Horn tok burdon and scrippe.

(*King Horn, with fragments of Floriz and Blauncheflur*, édition de J. R. Lumby, Early English Text Society, 1866, 8°.)

du vagabondage et que leur voyage a un but sérieux. Même sévérité quand il s'agit de passer la mer; il faudra se munir de passeports en règle, et la prescription comprend "toutes manères des gentz, si bien clercs come autres," sous peine de confiscation de tous les biens. Les réserves faites par le roi montrent que c'est à la race nomade seule qu'il en veut, car il y a dispense pour les "seignurs et autres grants persones del roialme," pour les "verrois et notables marchantz" et enfin pour les "soldeours le roi."

Ce passeport ou "licence," cet "especial congié du roi" ne se délivre qu'à certains ports fixés, qui sont: Londres, Sandwich, Douvres, Southampton, Plymouth, Dartmouth, Bristol, Yarmouth, Saint-Botolph, Kingston-upon-Hull, Newcastle-upon-Tyne et les ports du rivage en face de l'Irlande. Des peines très sévères sont prescrites pour tous gardiens de ports, inspecteurs, capitaines de navires, etc., qui se montreraient négligents ou, à plus forte raison, favorables aux nomades. L'année suivante, 1389, le roi ne permet plus aux pèlerins qui vont sur le continent de s'embarquer autre part qu'à Douvres et à Plymouth. Pour prendre la mer ailleurs, il leur faudra avoir un "especial congié du roi mesmes."

Mais l'attrait des pèlerinages lointains était grand: avec ou sans lettres on passait la Manche; on arrivait à Calais et on s'arrêtait quelque temps dans une "maison-Dieu" qui y avait été construite et que les âmes pieuses avaient dotée de revenus "pur sustentation des pilrines et autres poverez gentz repairantz au dite ville, pur eux reposer et refresher." On repartait, on se rendait à Boulogne pour implorer une vierge miraculeuse dont une main subsiste encore, enfermée dans un reliquaire. La statue elle-même fut jetée dans un puits par les protestants en 1567; replacée sur l'autel en 1630, elle en fut arrachée de nouveau à la révolution et brûlée; mais un fidèle sauva la main que l'église de Notre-Dame conserve aujourd'hui. La commère voyageuse de Chaucer, entre autres pèlerinages, avait fait celui de Boulogne. On allait encore à Amiens vénérer une tête de saint Jean-Baptiste[1]; à Rocamadour, prier une madone célèbre; en Espagne, saint Jacques. Quelquefois on se rendait directement par mer, de Sandwich, de Bristol ou d'un autre port, jusqu'en Espagne. A en juger par la complainte d'un pèlerin qui nous est parvenue, on ne pouvait pas s'attendre à un grand confort sur les bateaux: "Il ne faut pas penser à rire,—quand on va par mer à Saint-Jacques," écrit ce pèlerin; on a le mal de mer; on est bousculé par les marins, sous prétexte qu'on gêne la manœuvre; les remarques railleuses des hommes de mer sont pénibles à entendre: "Certains, je pense, vont tousser et geindre—avant minuit," observe le capitaine, et s'adressant au cuisinier: "Cuisinier, sers notre dîner;—quant aux pèlerins, ils n'ont pas envie de manger!" Les pauvres passagers s'ennuyent beaucoup: ils essayent de lire un livre sur leurs genoux, mais à la longue ils voient trouble, grâce aux mouvements du bateau. Les malades réclament du malvoisie chaud pour se réconforter. "Ah! ma tête se fend," crie l'un d'eux, et voici justement un matelot facétieux qui vient hurler à leurs oreilles: "Courage, dans un instant nous serons en pleine tempête!" Bref, ils étaient bien malheureux et comme le narrateur le disait au début, ils n'avaient guère envie de rire.

Partout dans les sanctuaires vénérés, des ex-voto étaient suspendus; si, en frappant avec des incantations appropriées une statuette de cire, on pouvait vous faire grand mal, en plaçant votre image dans la chapelle d'un saint, on pouvait vous faire gagner de grandes faveurs et particulièrement vous guérir en cas de maladie[2]. A Rocamadour[3] on voyait des tresses de cheveux de femmes; c'étaient, raconte le chevalier

[1] L'auteur des voyages connus sous le nom de *Voyages de Mandeville* avait vu la tête d'Amiens et fut bien surpris d'en rencontrer une autre à Constantinople. Quelle est la vraie? se demande-t-il: "I wot nere, but God knowethe: but in what wyse that men worschippen it, the blessed seynt John holt him a payd." (Édition Halliwell; p. 108.)

[2] *Paston Letters*. Lettre de Marguerite Paston du 28 sept. 1443.

[3] Rocamadour était bien connu des Anglais; voir la *Vision concerning Piers the Plowman* (édition Skeat), texte B, *passus* XII, vers 37.

de la Tour Landry, celles de "dames et de demoiselles qui s'estoient lavées en vin et en autres choses que pures lessives, et pour ce, elles ne purent entrer en l'esglise jusques à tant que elles eurent fait couper leurs tresses qui encore y sont[1]." Mais ce qui attirait beaucoup aussi, c'étaient les indulgences.

Elles étaient considérables, et l'imagination populaire en augmentait encore l'étendue. Le pèlerin qui revenait de Rome et regagnait son foyer en exagérait le nombre aussi volontiers que celui des merveilles qu'il avait vues ou cru voir. Un pèlerin de cette sorte a laissé dans un court poème ses impressions de voyage; c'était un Anglais du quatorzième siècle qui revenait d'Italie ébloui par ses souvenirs. Sa verve n'est pas très poétique, mais il faut tenir compte de son intention qui est seulement de réunir des chiffres exacts: aussi, sans s'attarder à des descriptions pittoresques, il ne nous donne que des renseignements précis. Sa forte dévotion étroite ne lui a fait voir autre chose que des corps de martyrs par milliers et il les énumère avec persévérance. Par milliers aussi se comptent les années d'indulgences qu'il fait miroiter comme un appât aux yeux de ses compatriotes. Mais avant tout il faut qu'il donne un abrégé de l'histoire de Rome: c'est une cité dans laquelle vint d'abord s'établir la duchesse de Troie avec ses deux fils, Romulus et Romulon, qui depuis fondèrent la ville. La duchesse semble donc avoir choisi pour s'y fixer une ville qui n'existait pas encore, inadvertance qu'il faut pardonner au narrateur. Les habitants étaient païens au début, mais Pierre et Paul "les rachetèrent, non à prix d'or ou d'argent ou de biens terrestres, mais par leur chair et par leur sang."

[1] *Le livre du chevalier de la Tour Landry pour l'enseignement de ses filles*, éd. Montaiglon, 1854.

XXII

L'énumération des églises commence aussitôt et, pour chacune d'elles, nous apprenons invariablement la quantité de reliques qu'elle renferme et d'indulgences qui y sont attachées. Les bienfaits sont proportionnés aux mérites: ainsi, quand on voit le *vernicle*, c'est-à-dire le saint suaire qui a reçu l'image du Sauveur, on gagne trois mille ans d'indulgences si on est de Rome, neuf mille si on vient du pays voisin; mais "à toi qui viens de par delà la mer, douze mille années te sont réservées." Quand on entre à SS. Vitus et Modestus, le tiers de vos péchés vous sont remis. On allume une chandelle et on descend dans les catacombes[1]:

"Il faut que tu prennes une chandelle allumée,—sans quoi tu seras dans les ténèbres comme si c'était nuit.—Car sous la terre il faut descendre;—tu ne vois plus clair ni devant ni derrière.—C'est là que maintes gens s'enfuirent,—en péril de mort, pour se sauver,—et ils ont souffert des peines dures et cruelles—afin de demeurer à jamais aux cieux."

Les corps des martyrs sont innombrables; il y en a quatre mille à Sainte-Prudence, treize cents à Sainte-Praxède, sept mille à SS. Vitus et Modestus. De temps en temps un nom fameux fait donner un aperçu historique, tel que le récit de la fondation de Rome ou la vie abrégée de Constantin:

In Mahoun was al his thouht.

"Il n'avait que Mahomet en tête." Païen et lépreux, Constantin est converti et guéri par le pape Silvestre. L'église Sainte-Marie-la-Ronde portait jadis un autre nom: "Agrippa la fit construire—en l'honneur de Sybile et de Neptune—...il

[1] William Wey, au quinzième siècle, mentionne ainsi les catacombes: "Item ibi est una spelunca nuncupata Sancti Kalixti cimiterium, et qui eam pertransit cum devocione, illi indulgentur omnia sua peccata. Et ibi multa corpora sanctorum sunt, que nullus hominum numerare nequit nisi solus Deus." (*The Itineraries of William Wey*, Roxburghe Club, p. 147.)

l'appela Panthéon." Il y plaça tout en haut une idole magnifique, en or, d'une forme particulière : "Elle avait la tournure d'un chat,—il l'appelait Neptune."

Mais le pape Boniface pria l'empereur Julien de lui donner le Panthéon, à quoi ce prince consentit, et le 1er novembre d'une certaine année, le souverain pontife consacra l'édifice et le baptisa Sainte-Marie-la-Ronde. Quant aux reliques, il n'y a pas un objet mentionné par l'Évangile qui n'ait été retrouvé et qu'on ne puisse vénérer à Rome. Ainsi on y voit la table de la Cène, la verge d'Aaron, des fragments des pains et des poissons multipliés, du foin de la crèche, un lange de l'Enfant Jésus et plusieurs autres objets, dont l'un au moins est bien étrange. Quelques-unes de ces reliques sont encore dans les mêmes églises, par exemple le portrait de la Vierge par saint Luc, à Santa Maria Maggiore, "Seinte Marie the Maiour" : ce n'est pas, au reste, d'après le pèlerin, une peinture que saint Luc lui-même ait faite ; il allait l'exécuter et avait même préparé toutes ses couleurs, quand il trouva subitement devant lui le portrait achevé de la main des anges.

C'est ainsi que le voyageur racontait ses souvenirs, et ce petit poème est un raccourci des discours qu'il tenait à ses compatriotes. L'envie de partir à leur tour leur venait aussi, et ceux qui restaient au village s'associaient de cœur à l'œuvre du pèlerin, et aussi de fait en lui donnant un secours. Sur sa route il était traité de même par les personnes pieuses, et c'est grâce à ces coutumes que de pauvres gens pouvaient accomplir des pèlerinages lointains. Les règlements de beaucoup de guilds prévoyaient le cas où un membre de la confrérie partirait ainsi pour remplir un vœu. Afin de prendre part à ses mérites, tous les "frères et sœurs" l'accompagnaient hors de la ville et, lui faisant leurs adieux, lui remettaient quelque argent ; ils regardaient leur ami s'éloigner de son pas mesuré, commençant un voyage qui devait se prolonger pendant des mois à travers maint pays, quelquefois pendant des années. On retournait vers la ville, et les plus âgés qui connaissaient le monde disaient sans doute quelles étranges choses leur compagnon verrait sur ces terres lointaines et quels sujets de continuelle édification il rencontrerait sur sa route.

La guild de la Résurrection de Lincoln, fondée en 1374, a pour règle: "Si quelque frère ou sœur désire faire un pèlerinage à Rome, à Saint-Jacques de Galice ou en Terre Sainte, il en avertira la guild, et tous les frères et sœurs l'accompagneront aux portes de la ville et chacun lui donnera un demi-penny au moins." Même règlement dans la guild des foulons de Lincoln, fondée en 1297; on accompagne le pèlerin qui va à Rome jusqu'à Queen's Cross, hors de la ville, s'il part un dimanche ou un jour de fête; et s'il peut annoncer d'avance son retour et qu'il ait lieu aussi un jour où on ne travaille pas, on se rend à sa rencontre au même endroit et on l'accompagne au monastère. De même aussi les tailleurs donnent un demi-penny à celui d'entre eux qui va à Rome ou à Saint-Jacques, et un penny à celui qui va en Terre Sainte. Les règlements de la guild de la Vierge, fondée à Hull en 1357, portent: "Si quelque frère ou sœur de la guild se propose par aventure de faire un pèlerinage en Terre Sainte, alors, afin que la guild ait part au profit de son pèlerinage, il sera dispensé de toute sa contribution annuelle jusqu'à son retour[1]."

Il y avait aussi des guilds qui tenaient maison ouverte pour recevoir les pèlerins, toujours dans le même but de s'associer par une bonne œuvre à celle du voyageur. Ainsi la guild marchande de Coventry, fondée en 1340, entretient "un comune herbegerie de tresze lites," pour recevoir les pauvres voyageurs qui traversent le pays allant en pèlerinage ou pour tout autre motif pieux. Cette hôtellerie est dirigée par un homme, assisté par une femme qui lave les pieds des voyageurs et prend soin d'eux. La dépense annuelle pour cette fondation est de 10 livres sterling.

Quand un des serviteurs du roi avait un pèlerinage à faire, le prince, tenant compte du motif, l'autorisait volontiers à partir, et même l'aidait de quelque argent. Édouard III

[1] Toulmin Smith, *English Gilds; the original ordinances*, etc. pp. 157, 177, 180, 182, 231.

donne à Guillaume Clerk, un de ses messagers, une livre six shillings et huit pence "pour l'aider dans sa dépense durant le pèlerinage qu'il entreprend à Jérusalem et au mont Sinaï."

Cependant, ainsi qu'on l'a pu voir, le quatorzième siècle n'est pas un âge de dévotion sérieuse et réelle. Les papes habitent Avignon; leur prestige décline et, en Angleterre en particulier, les prélats mêmes montrent parfois bien peu de respect pour la cour romaine. On ne trouvera nulle part, même chez Wyclif, des accusations plus violentes ni des anecdotes plus scandaleuses que dans la chronique rédigée par l'abbé Thomas de Burton. Sa façon de parler des indulgences est aussi très libre. Par faveur spéciale pour les fidèles qui mouraient pendant un pèlerinage à Rome, Clément VI "ordonna aux anges du paradis, écrit l'abbé, d'amener leurs âmes droit aux portes du ciel, sans les faire passer par le purgatoire." Le même pape accorda, ce que le pèlerin de tout à l'heure semble avoir ignoré, à ceux qui verraient le saint suaire de revenir à leur état d'avant le baptême. Enfin "il confirma toutes les indulgences accordées par deux cents souverains pontifes ses prédécesseurs, et elles sont innombrables."

A l'époque où les chroniqueurs monastiques inscrivaient sans scrupule dans leurs livres des anecdotes sur la cour romaine semblables à celles de Thomas de Burton, la dévotion générale n'était pas seulement amoindrie, elle était désorganisée, affolée. Les chroniques montrent en effet que les excès d'impiété se heurtaient aux excès de ferveur, et c'est ainsi par exemple que le faux pardonneur, marchand au détail des mérites des saints, rencontrait sur la grand'route le flagellant ensanglanté[1].

[1] Les flagellants se fouettaient avec des cordes à nœuds garnies de clous; ils se prosternaient à terre, les bras en croix et en chantant.

XXIII

La papauté a beau montrer un grand bon sens par les condamnations qu'elle lance contre les uns et contre les autres, ses arrêts ne suffisent pas à rétablir l'équilibre des esprits, et les limites de la raison continuent à être perpétuellement dépassées ; dans la piété ardente, comme dans la révolte impie, on va jusqu'à la folie. On a peine à lire le récit des sacrilèges obscènes commis dans la cathédrale d'York par des partisans de l'évêque de Durham, et cependant les faits sont réels et c'est l'archevêque lui-même qui les rapporte. La foi disparaît ou se transforme ; on devient à la fois sceptique et intolérant : il ne s'agit pas du scepticisme moderne d'une sérénité froide et inébranlable ; c'est un mouvement violent de tout l'être, qui se sent pris d'envie de brûler ce qu'il adore ; mais l'homme est incertain dans son doute, et son éclat de rire l'étourdit ; il a passé comme par une orgie et, quand viendra la lumière blanche du matin, il y aura pour lui des accès de désespoir, un déchirement profond avec des larmes et peut-être un vœu de pèlerinage et une conversion éclatante. Walsingham voit une des causes de la révolte des paysans dans l'incrédulité des barons : "Quelques-uns d'entre eux croyaient, dit-on, qu'il n'y a pas de Dieu, niaient le sacrement de l'autel et la résurrection après la mort, et pensaient que telle la fin de la bête de somme, telle la fin de l'homme lui-même."

Mais cette incrédulité n'était pas définitive et n'empêchait pas les pratiques superstitieuses. On ne savait pas aller *droite voie* : au lieu de s'ouvrir la porte du ciel de ses propres mains, on imagine de se la faire ouvrir de la main des autres ; de même qu'on fait labourer ses terres par ses tenanciers, on se fait gagner le paradis par le monastère voisin ; les biens éternels sont tombés dans le commerce avec les lettres de fraternité des frères mendiants et les indulgences menteuses des pardonneurs. On vit à son aise et on se tranquillise en inscrivant des donations pieuses dans son testament, comme si on pouvait, selon les paroles d'un de nos compatriotes du temps de la

Renaissance, "corrompre et gagner par dons Dieu et les saints, que nous devons apaiser par bonnes œuvres et par amendement de nos péchés[1]." C'est une lecture très instructive que celle des actes de dernière volonté des riches seigneurs du quatorzième siècle. Les legs pour des motifs de dévotion remplissent des pages; on donne à toutes les châsses, à tous les couvents, à toutes les chapelles, à tous les ermites; et on parvient, en payant, à faire des pèlerinages après sa mort, par procuration. Ce même Humphrey de Bohun, qui envoyait "un bon homme et loyal" à la tombe de Thomas de Lancastre, ordonne aussi qu'après son décès on fasse partir un prêtre pour Jérusalem, "principalement, dit-il, pour ma dame ma mère, et pour mon seigneur mon père...et pour nous," avec obligation de dire des messes, pendant son voyage, à toutes les chapelles où il pourra.

Quant à la croisade, on en parlait toujours et même plus que jamais, seulement on ne la faisait pas. Au milieu de leurs guerres, les rois se reprochaient l'un à l'autre d'être le seul empêchement au départ des chrétiens; toujours il y avait un incident utile qui les retenait. Philippe de Valois et Édouard III protestent que sans leur adversaire ils iraient combattre le Sarrasin. C'est par la faute de l'Anglais, écrit Philippe, que "a été empêché le saint voyage d'outre mer"; c'est le fait du roi de France, déclare de son côté Édouard III dans un manifeste solennel, qui l'a détourné du "sancto passagio transmarino." Sans doute le temps de saint Louis n'est pas si éloigné qu'on ait pu déjà perdre le sens de ce grand devoir, la guerre contre l'infidèle, et l'on pense toujours que, si c'est quelque chose de se mettre en route pour Saint-Jacques ou Notre-Dame, le vrai chemin du ciel est celui de Jérusalem. Et cependant, sur ce point encore, nous voyons se faire jour quelques-unes de ces idées qui semblent inspirées par les vues pratiques de l'âge moderne et qui, au quatorzième siècle, ne sont pas rares. Nous écrasons l'infidèle; pourquoi ne pas le convertir? N'est-ce pas plus sage, plus raisonnable et même plus conforme à la religion du Christ? Les apôtres qu'il nous

[1] *Les louenges du roy Louys XI*, par Claude de Seyssel, Paris, 1508, 4°.

a envoyés, à nous Gentils, étaient-ils couverts d'armures et pourvus d'épées? Des réflexions pareilles n'étaient pas seulement faites par des réformateurs comme Wyclif et Langland, mais par des gens d'un esprit habituellement calme et d'une grande piété comme Gower:

"Ils nous prêchent de combattre et de massacrer—ceux qu'ils devraient, selon l'Évangile,—convertir à la foi du Christ. —Mais je m'émerveille grandement—de ce qu'ils me prêchent le voyage:—si je tue un Sarrasin,—je tue son âme avec son corps,—et ce n'est pas ce que le Christ a jamais voulu[1]."

Seulement on trouve convenable de parler croisades, et quelques-uns comptent encore qu'on en fera. Ainsi Élisabeth de Burgh, lady Clare, désire que cinq hommes d'armes se battent en son nom au cas où, dans les sept ans qui suivront sa mort, il y aurait "commun voyage." Le mérite de leurs travaux lui sera appliqué et ils recevront cent marcs chacun. Mais le commun voyage restait toujours en projet, et les seules expéditions mises sur pied étaient des entreprises particulières. Dans ce cas l'enthousiasme religieux n'était pas le seul mobile; les instincts chevaleresques et remuants qui remplissent ce siècle de combats faisaient la moitié de la dévotion qui poussait ces petites troupes à partir. Il en venait bon nombre d'Angleterre; les Anglais, déjà à cette époque et même auparavant, étaient comme aujourd'hui de grands voyageurs. On les rencontrait partout et, comme aujourd'hui encore, leur connaissance du français leur servait un peu dans tous les pays sur le continent. C'était, comme nous le rappelle Mandeville, la langue de la haute classe; c'était aussi celle que parlait en Orient l'Européen, le *Franc*. Trevisa, en constatant que les

[1] To slen and feihten thei ous bidde
Hem whom thei scholde, as the bok seith,
Converten unto Cristes feith.
Bot hierof have I gret mervaile,
Hou thei wol bidde me travaile:
A Sarazin if I sle schal,
I sle the soule forth withal
And that was never Cristes lore.
(*Confessio Amantis*, édition de G. C. Macaulay, IV, 1674.)

Anglais oublient cette langue, le déplore: comment feront-ils s'ils vont à l'étranger? "That is harme for hem and they schulle passe the see and trauaille in straunge landes and in many other places." Cependant, si les Anglais ne savaient plus couramment le français, ils se rendaient compte de l'utilité de notre langue et ils tâchaient d'en acquérir quelques notions avant de se mettre en route. Ils se faisaient composer, par des gens compétents, des manuels de conversation, pour apprendre "à parler, bien soner, et à droit escrire doulz françois, qu'est la plus bel et la plus gracious langage et plus noble parler, après latin d'escole, qui soit ou monde, et de tous gens mieulx prisée et amée que nul autre; quar Dieux le fist si doulce et amiable principalement à l'oneur et loenge de luy-mesmes. Et pour ce il peut bien comparer au parler des angels du ciel, pour la grant doulceur et biaultée d'icel[1]." Les Anglais allaient beaucoup à l'étranger; tous les auteurs qui font leur portrait constatent chez eux des goûts remuants et un grand amour pour les voyages lointains; aussi leur donnent-ils pour planète la lune. D'après Gower, c'est à cause d'elle qu'ils visitent tant de pays éloignés[2]. Wyclif les place sous le patronage du même astre, mais en tire des conséquences différentes[3], et Ranulph Higden, le chroniqueur, s'exprime

[1] *La manière de langage*, texte publié par M. Paul Meyer. Ce manuel est l'œuvre d'un Anglais. La dédicace est datée du 29 mai 1396.

[2] But what man under his pouer
Is bore, he schal his places change
And seche manye londes strange:
And as of this condicion
The mones disposicion
Upon the lond of Alemaigne
Is set, and ek upon Bretaigne,
Which nou is cleped Engelond;
For thei travaile in every lond.
(*Confessio Amantis*, VII, 746.)

[3] "Et hinc secundum astronomos lunam habent planetam propriam, quæ in motu et lumine est magis instabilis." (*Fasciculi Zizaniorum*, édition Shirley, p. 270.) Caxton, au moment de la Renaissance, considère également la lune comme étant par excellence la planète des Anglais: "For we englysshe men ben borne vnder the domynacyon of the mone, whiche is neuer stedfaste but euer wauerynge." (Prologue de son *Boke of Eneydos compyled by Vyrgyle*, 1490.)

en ces termes, qui semblent prophétiques, tant ils se sont trouvés exacts: "Cette race anglaise sillonne tous les pays et réussit mieux encore dans les terres lointaines que sur la sienne propre....C'est pourquoi elle se répand au loin à travers le monde, considérant comme sa patrie tout sol qu'elle habite. C'est une race habile dans les industries de toute espèce." Il dit aussi que les Anglais de son temps aimaient la table plus qu'aucun autre peuple et dépensaient beaucoup en nourriture et en habits. Mais le point important ici est ce goût des voyages qui était si marqué. Leurs petites troupes à destination de la Terre Sainte allaient saluer au passage le roi chrétien de Chypre et s'aventuraient ensuite dans l'Asie Mineure.

XXIV

On ne quittait pas l'Angleterre pour une si lointaine expédition sans s'être muni de lettres de son souverain, qui pouvaient vous servir de passeport et de recommandation au besoin. La teneur de ces pièces était à peu près pareille à celle de la lettre suivante, accordée par Édouard III en 1354: "...Sachez tous que le noble Jean Meyngre, chevalier, dit Bussigaud[1], notre prisonnier, doit se rendre avec douze chevaliers à Saint-Jacques et de là marcher contre les ennemis du Christ en Terre Sainte, et qu'il part avec notre agrément; que pour cela nous l'avons pris, lui et ses douze compagnons, leurs domestiques, chevaux, etc., sous notre protection et sauf-conduit[2]." On était bien reçu du roi de Chypre et on l'aidait dans ses difficultés qui étaient nombreuses. Le roi se montrait charmé de ces visites et exprimait quelquefois son plaisir dans des lettres où perce une joie très vive. Il écrivait ainsi de Nicosie, en 1393, à Richard II, et lui disait qu'un chevalier n'a pas besoin de recommandation personnelle auprès

[1] Jean le Maingre, dit Boucicaut, plus tard maréchal de France.

[2] Rymer, *Fœdera*, t. V, p. 777. Ces lettres devaient être délivrées assez fréquemment, car on trouve qu'elles sont rédigées d'après une formule uniforme, comme nos passeports.

de lui pour être le bienvenu dans l'île: tous les sujets du roi d'Angleterre sont pour lui autant d'amis; il est heureux de la présence d'Henri Percy, qui lui sera très utile.

A l'idée du pèlerinage on associait pour une large part celle des aventures qu'on allait avoir sur les lieux et tout du long de la route; au besoin on les faisait naître, et le but religieux disparaissait alors dans la foule des accidents profanes. Ainsi en 1402, de Werchin, sénéchal de Hainaut, publie son projet de pèlerinage à Saint-Jacques d'Espagne et son intention d'accepter le combat à armes courtoises contre tout chevalier qui ne le détournera pas de sa route de plus de vingt lieues. Il indique son itinéraire d'avance, afin qu'étant averti on se prépare.

C'est un peu avec des idées semblables qu'était parti pour l'Orient, dans la première moitié du quatorzième siècle, le fameux Jean de Mandeville ou le voyageur, quel que soit son véritable nom qui nous a laissé les récits attribués à ce chevalier[1]. Cet amusant écrivain était allé en Palestine à moitié pour se sanctifier, à moitié pour connaître le monde et ses étrangetés et pouvoir en parler, car beaucoup de gens, dit-il, se plaisent fort à entendre décrire les merveilles de pays divers. S'il publie ses impressions, c'est d'abord parce que foule de personnes aiment les récits de la Terre Sainte et y trouvent grande consolation et confort, et c'est aussi pour faire un *guide*, afin que les petites caravanes dans le genre de la sienne et de celle de Boucicaut profitent de son expérience. Il n'apporte certes pas dans son ouvrage la précision des livres modernes, mais il ne faut pas croire que ses idées sur la route à suivre soient si déraisonnables. Ainsi, "pour aler droite voie" d'Angleterre en Palestine, il conseille l'itinéraire suivant: France, Bourgogne, Lombardie, Venise, Famagouste en Chypre, Jaffa, Jérusalem. Outre le récit d'un voyage en Palestine qu'il semble avoir

[1] Les voyages appelés *Voyages de Mandeville* ont été sûrement écrits au quatorzième siècle, en français, puis ils ont été traduits en latin et en anglais. La partie relative à l'Egypte, à la Palestine et à la Syrie semble seule avoir pour fondement un voyage véritable.

réellement accompli, il donne la description d'une foule de pays peuplés par des monstres imaginaires. Cette partie fantastique de son ouvrage n'en diminua pas le succès, bien au contraire, mais moins confiants que nos pères nous n'acceptons plus de bonne grâce aujourd'hui le récit de tant de prodiges et nous jugeons même insuffisante pour garantie de la bonne foi de l'auteur l'excuse qu'il nous donne. "Chose de longe temps passé par le vewe tournet en obli et memorie de homme ne poet mie tout tenir et comprehendre."

Beaucoup de livres vinrent après le sien, plus détaillés encore et plus pratiques. Tandis que le renouvellement des croisades paraissait de moins en moins probable, le nombre des pèlerinages individuels allait croissant. La parole du prêtre, qui ne pouvait plus arracher du sol des nations entières, en détachait seulement par places de petits groupes d'hommes pieux ou de coureurs d'aventures qui allaient visiter les lieux saints à la faveur de l'esprit tolérant du Sarrasin. La plupart en effet ne partaient plus pour combattre l'infidèle, mais pour lui demander permission de voir Jérusalem. On trouve, au quinzième siècle, tout un service de transports organisé à Venise à l'usage des pèlerins; il y a des prix faits d'avance; on revend au retour sa couchette et ses matelas[1]; bref, une foule d'usages se sont établis qui montrent la fréquence de l'intercourse. Pour tous ces détails, l'Anglais en partance n'avait qu'à consulter l'excellent manuel de son compatriote William Wey[2],

[1] On achetait cela près de l'église Saint-Marc et on avait le tout pour 3 ducats, y compris les draps et les couvertures. Le voyage fait, le vendeur vous reprenait ces objets pour un ducat et demi: "Also when ye com to Venyse ye schal by a bedde by seynt Markys cherche; ye schal have a fedyr bedde, a matres, too pylwys, to peyre schetis and a qwylt, and ye schal pay iij dokettis; and when ye com ayen, bryng the same bedde to the man that ye bowt hit of and ye schal haue a dokete and halfe ayen, thow hyt be broke and worne." (*Itineraries of William Wey*, ut infra.)

[2] *The Itineraries of William Wey, fellow of Eton College, to Jerusalem, A.D.* 1458 *and A.D.* 1462 *and to Saint James of Compostella A.D.* 1456. Londres, 1857, 4°, *Roxburghe Club*. Dans son premier voyage, Wey partit de Venise avec une bande de 197 pèlerins, qui furent embarqués sur deux galères.

le meilleur qu'il y eût au quinzième siècle dans aucun pays, et le plus pratique.

William Wey a déjà pour le voyageur toutes les attentions auxquelles nous sommes aujourd'hui accoutumés; il compose des mnémotechnies de noms à apprendre, un vocabulaire des mots grecs qu'il importe de savoir et il donne à retenir les mêmes questions toutes faites que nos manuels répètent encore dans une langue moins mélangée:

Good morrow	*Calomare*
Welcome	*Calosertys*
Tel me the way	*Diximo strata*
Gyff me that	*Doys me tutt*
Woman haue ye goyd wyne?	*Geneca esse calocrasse?*
Howe moche?	*Posso?*

Il établit aussi un tableau du change des monnaies depuis l'Angleterre jusqu'en Grèce et en Syrie, et un programme de l'emploi du temps, comme aujourd'hui très parcimonieusement ménagé: il ne compte en effet que treize jours pour tout voir et repartir. Enfin il donne une liste complète des villes à traverser, avec la distance de l'une à l'autre, une carte de la Terre Sainte avec l'indication de tous les endroits remarquables[1] et un catalogue considérable des indulgences à gagner.

Wey prévoit tous les désagréments auxquels le mauvais vouloir du patron de la galère peut vous soumettre; il recommande de retenir une place à la partie la plus élevée du bateau: dans le bas on étouffe et l'odeur est insupportable[2]; il ne faut pas payer plus de quarante ducats, de Venise à Jaffa, nourriture comprise; il faut que le patron s'engage à faire relâche dans certains ports pour prendre des vivres frais. Il est tenu de vous donner de la viande chaude à dîner et à souper, du bon vin, de l'eau pure et du biscuit; mais on fera bien, en outre, d'emporter des provisions pour son usage particulier, car même

[1] On peut voir actuellement cette carte exposée dans les vitrines de la Bodléienne à Oxford.

[2] "For in the lawyst [stage] vnder hyt is ryght smolderyng hote and stynkynge." (*A good preuysyoun*, au début du livre.)

"à la table du patron" on a grand'chance d'avoir du pain et du vin gâtés[1]. Il faut avoir aussi des remèdes, des "laxatyuys," des "restoratyuys," du safran, du poivre, des épices. Quand on arrive à un port, il est bon de sauter à terre des premiers pour être servi avant les autres et n'avoir pas les restes; ce conseil d'égoïsme pratique revient souvent. A terre on devra prendre garde aux fruits, "car ils ne sont pas faits pour votre tempérament et ils donnent un flux de sang, et si un Anglais a cette maladie, c'est merveille qu'il en échappe et n'en meure pas." Une fois en Palestine, il faut faire attention aux voleurs; si on n'y pense pas, les Sarrasins viennent vous parler familièrement et, à la faveur de la conversation, vous dérobent "vos couteaux et autres menus objets que vous avez sur vous[2]." A Jaffa, il ne faut pas oublier de courir avant tout le monde pour avoir le meilleur âne, "parce qu'on ne paye pas plus pour le meilleur que pour le pire." La caravane se met en marche et alors il est prudent de ne pas trop s'écarter de ses compagnons, crainte des malfaiteurs.

Malgré ce dernier conseil, ce qui résulte le plus clairement du livre est l'esprit de tolérance dont le Sarrasin faisait preuve; il n'interdisait pas l'entrée de la Palestine à tous ces pèlerins qui venaient souvent en espions et en ennemis, et il laissait les troupes agir à leur guise; on voit que les compagnons de William Wey vont en somme où ils veulent, reviennent quand il leur convient et se tracent par avance des plans d'excursions

[1] "For thow ye schal be at the tabyl wyth yowre patrone, notwythstondynge ye schal oft tyme haue nede to yowre vytelys, bred, chese, eggys, frute, and bakyn (bacon), wyne and other, to make yowre collasyvn: for svm tyme ye schal haue febyl bred, wyne and stynkyng water, meny tymes ye schal be ful fayne to ete of yowre owne." (*A good preuysyoun.*)

Il sera même prudent d'emporter une cage avec des poulets dedans: "Also by yow a cage for half a dosen of hennys or chekyn to have with yow in the galey." Il ne faut pas oublier un demi-boisseau de graines pour les nourrir.

[2] "Also take goyd hede of yowre knyves and other smal thynges that ye ber apon yow, for the sarsenes wyl go talkyng wyth yow and make goyd chere, but the wyl stele fro yow that ye haue and they may."

comme on pourrait faire aujourd'hui. Ils trouvent des marchands européens établis et faisant un grand commerce dans les ports des infidèles; ils n'ont à craindre sérieusement que les guerres locales et les mauvaises rencontres en mer. On les voit apprendre avec beaucoup d'inquiétude, au retour, qu'une flotte turque est prête à quitter Constantinople, mais ils ne la rencontrent pas, heureusement.

William Wey fit deux fois ce grand voyage et revint en Angleterre, où il légua à une chapelle construite sur le modèle de l'église du Saint-Sépulcre les souvenirs qu'il avait rapportés, c'est-à-dire une pierre du calvaire, une autre du sépulcre, une du mont Thabor, une du lieu où était la croix, et d'autres reliques.

CONCLUSION

Nous avons suivi la race nomade dans bien des endroits, sur la route, à l'auberge, dans les tavernes, dans les églises; nous l'avons vue exercer une foule de métiers divers et comprendre des spécimens très différents: chanteurs, bouffons, charlatans, pèlerins, prêcheurs errants, mendiants, frères, vagabonds de plusieurs sortes, ouvriers détachés de la glèbe, pardonneurs, chevaliers amis des voyages lointains. Nous les avons accompagnés çà et là sur les grands chemins d'Angleterre et nous les avons suivis même jusqu'à Rome et en Terre Sainte: c'est là que nous les laisserons. A la classe errante appartiennent encore les représentants de beaucoup de professions, tels que les scribes, les colporteurs, les montreurs d'animaux, comme ceux dans la ménagerie desquels entra un jour Villard de Honnecourt pour y dessiner "al vif" un lion. Les seuls vraiment importants sont ceux qui viennent d'être étudiés.

Le courant de vie que représente l'existence de tous ces nomades est puissant; nous avons vu quel grand rôle, peu apparent, ils avaient joué dans l'État. L'ouvrier brise les liens qui depuis des siècles l'attachaient au manoir et veut désormais être maître de sa personne et de ses services, se louer à la journée si bon lui semble et pour un prix qui corresponde au besoin qu'on a de lui. C'est une réforme nécessaire qu'il demande et qui se fait peu à peu, malgré les lois, loin des regards. Il n'en est pas de plus importante, et c'est sur les routes qu'il convient de l'étudier plutôt qu'au château. Il faut en chercher l'origine dans ces taillis où les bandes armées se réunissent pendant les offices et sur ces chemins écartés où le faux pèlerin jette le bâton à devise pour reprendre ses outils et quêter du travail loin de son ancien maître. Ces gens-là prêchent d'exemple l'émancipation que les clercs errants expliquent dans leurs discours, faisant d'elle un besoin immédiat et populaire.

C'est en partie sur la grand'route, en partie par l'influence des nomades que marchent à leur solution les grandes questions du siècle, la question sociale et la question religieuse. Les frères quêteurs vont de porte en porte, les pardonneurs s'enrichissent, les pèlerins vivent d'aumônes et du récit de leurs aventures, toujours en route et toujours à l'œuvre. Quelle est cette œuvre? A force de s'adresser à la foule, ils finiront par se faire connaître d'elle, par se faire juger, par la désabuser eux-mêmes, et les réformes deviendront inévitables. Ainsi, de ce côté encore, tombera la rouille du moyen âge, et un pas de plus sera fait vers la civilisation moderne.

Enfin, chacun de ces types si bizarres, pris à part, a l'utilité de montrer, bien apparent en sa propre personne, un côté caractéristique des goûts, de la croyance et des aspirations du temps. Chacune de leurs classes correspond à un besoin, à un travers ou à un vice national; par eux on peut examiner comme pièce à pièce les âmes du peuple et les reconstituer tout entières, comme on peut deviner à la flore d'un pays la nature du sol.

L'impression générale est que le peuple d'Angleterre subit une de ces transformations considérables qui se présentent au regard de l'historien comme le tournant d'un grand chemin. Au sortir des gorges et des montagnes, la route change subitement de direction, et c'est la plaine riche, ensoleillée, fertile, qu'on aperçoit dans le lointain. Nous n'y sommes pas arrivés, bien des peines nous sont encore réservées; elle disparaîtra de nouveau à nos yeux par moments; mais nous l'avons entrevue, et le résultat de nos efforts, c'est que nous savons du moins dans quelle direction il faut marcher pour l'atteindre. Pendant l'âge qui s'ouvre, le paysan émancipé va s'enrichir malgré les guerres que se feront les seigneurs; et les communes auront entre les mains un instrument de contrôle sur le pouvoir royal, dont elles pourront plus ou moins bien se servir selon les temps, mais qui est le meilleur inventé jusqu'à nos jours: le parlement qui siège à Westminster à l'heure présente est dans ses parties essentielles identique au parlement qui préparait les statuts du royaume sous les derniers princes Plantagenet. Au quatorzième siècle, quoi qu'en aient dit quelques penseurs, trop touchés de la gloire de Simon de Montfort et de saint Louis, l'homme n'est donc pas revenu en arrière. Il n'en faut pas d'autre preuve que la foule de ces idées vraiment modernes qui se répandent dans l'ensemble de la société: parmi la haute classe, sous l'influence d'une éducation plus grande et d'une civilisation plus avancée; parmi la classe inférieure, par l'effet d'une longue expérience des abus communs; idées vulgarisées et rendues pratiques par les nomades: ouvriers ignorants, clercs convaincus. Tous ces écarts de la raison, toutes ces démences de l'esprit religieux, ces révoltes incessantes et ces folies qu'on a pu remarquer détourneront les intelligences de pensées et de sentiments faux et dangereux qui avaient besoin d'être poussés à l'extrême pour devenir insupportables et se faire rejeter.

Sur quantité de points semblables, qu'il soit partisan ou objet des réformes, comme ouvrier ou comme pardonneur, qu'il en soit ou non l'instrument inconscient, le nomade aura toujours beaucoup à apprendre à qui voudra l'interroger; il dira peut-être le secret de transformations presque incompréhensibles qui semblaient nécessiter un bouleversement total, comme celui qu'on a vu en France à la fin du dix-huitième siècle, un nouveau ou plutôt un premier *contrat social*. L'Angleterre, pour bien des raisons, n'en a pas eu besoin; une de ces raisons est l'influence des errants qui unirent tout le peuple et lui permirent d'arracher, grâce à cette union qui le rendait fort, les concessions nécessaires en temps utile. Et comme cependant les changements les plus calmes ne vont pas sans un peu de trouble, comme chez nos voisins aussi il y eut, au cours des siècles, plus d'une mêlée sanglante, le nomade finira peut-être en répétant à son interlocuteur un proverbe vulgaire d'une sagesse certaine, mais non banale, qui devrait empêcher bien des désespérances: "Le bois tortu fait le feu droit."

EXERCICES

(T.) indique les questions posées sur le *texte*;
(M.) sur les *mots*; (G.) sur la *grammaire*

1er Exercice: pages 1–5. Avoir, Être, porter.

(T.) 1. Quels errants du moyen âge passaient pour les plus bienfaisants?
2. Quelles marchandises les herbiers avaient-ils et où les vendaient-ils?
3. Pour trouver des acheteurs que disaient-ils de leurs remèdes?
4. Pourquoi ne faisaient-ils pas de bonnes affaires dans les villes?
5. Au temps d'Henri V quels médecins étaient *approuvés* en leur art?

(M.) 6. Dans quel pays et au quel siècle vivons-nous?
7. A quelle heure déjeunez-vous? en quel mois mange-t-on des pois?
8. Quel jour le facteur chôme-t-il? que fait-on un jour de chômage?
9. Que met-on sur les cheveux pour les fortifier? comment s'appelle le malheureux dont les cheveux sont tombés? à qui allez-vous vous faire couper les cheveux?
10. Où le paysan tire-t-il de l'eau? où fait-il cuire son pain?
11. Que faut-il à l'oiseau pour voler? que faut-il tendre pour bien écouter? au-dessus de quoi sont les sourcils? où le soldat porte-t-il sa médaille?
12. Que met-on sur le plancher? sur des tréteaux?
13. Que fait-on avec de l'étoffe? avec des drogues?
14. Qu'est-ce que le chaperon couvre? Comment s'appelle la personne d'un certain âge qui accompagne une jeune femme?
15. En voyageant où voit-on des bornes? Quel est 'The undiscovered country from whose *bourn* No traveller returns,' dont parle Hamlet?
16. Qu'est-ce qu'on avale quand on est souffrant?
17. En quel pays se trouve la forêt des Ardennes? la province de Bourgogne? quel faubourg de Londres connaissez-vous?
18. Trouvez le contraire: une médecine *malfaisante*; un remède *inutile*; un liquide *doux*; les fautes *rares*.
19. Trouvez un synonyme: un errant; une punition; une croisée.
20. Exprimez en un seul mot: un remède universel; un jour où l'on *ne travaille pas*; à partir de ce moment.
21. Donnez le français (avec l'article) et l'anglais des noms du même radical que: sain, étrange, élogieux, nombreux; puiser, borner, appuyer, châtier, guérir, étudier, punir.

(G.) 22. Trouvez le participe passé: un bouton bien (*recoudre*); et le participe présent: un ver (*luire*).
23. Mettez à l'impératif: *savoir* la vérité; *avoir* courage; *être* brave.
24. Expliquez le subjonctif (p. 3, l. 3): la plus sage dame qui *soit* etc.
25. Ajoutez la préposition *en* ou *à*: Ben Jonson demeura...Londres... Angleterre; on fait du vin...Bourgogne...Dijon.
26. Ecrivez les temps primitifs (infinitif, participes prés. et passé, 1ère pers. du prés. de l'indic., et du passé déf.) de: être, avoir, porter.
27. Conjuguez au prés. indic. et au passé déf.: je m'en passe.
28. Quels temps dérivent de l'infinitif: donnez des exemples en employant les verbes: avaler, huiler, guérir.

2e EXERCICE: pages 5–9. 1ère CONJUGAISON: PLURIEL: COMPARAISON.

(T.) 1. Pour être médecin sous Henri VIII quel examen fallait-il subir?

2. Est-ce que les médecins brevetés faisaient bien leur besogne? étaient-ils savants? de quoi étaient-ils préoccupés surtout?

3. Quels guérisseurs les législateurs encourageaient-ils vers la fin du règne d'Henri VIII? Avaient-ils raison à les encourager?

(M.) 4. Quand aura lieu votre prochain examen français? Combien de fois pendant l'année avez-vous des examens?

5. Quel est le titre du chef spirituel d'un diocèse? du plus ancien membre d'un corps? quels mots anglais dérivent des mêmes racines?

6. Où se trouve Smithfield? pourquoi cet endroit est-il bien connu?

7. Si l'on a une indigestion où sent-on des douleurs?

8. Comment le colporteur gagne-t-il sa vie? le tisserand?

9. Nommez une péninsule; une île; un pays méridional.

10. Trouvez une autre tournure: il faut *supporter ces mauvaises plaisanteries*; la fête *attire beaucoup de spectateurs*.

11. Quels proverbes anglais correspondent à ces proverbes-ci: Il ne faut pas chômer les fêtes avant qu'elles ne soient venues; En forgeant on devient forgeron; Dans les petites boîtes sont les bons onguents?

12. Trouvez des synonymes: un *revirement complet*; un portrait *ressemblant*; les *petites* réparations; un état *prospère*.

13. En un seul mot: celui qui ne sait rien; qui habite une ville—un village—Venise—l'Ecosse; qui écrit des pièces de théâtre.

14. Contraire: une *courte* expérience; un changement *superficiel*; une *perte* énorme; on a *beaucoup* de savoir; les maux *diminuent*.

15. Donnez (*a*) l'anglais du verbe, (*b*) le nom et l'adjectif du même radical que: ruser, changer, aimer, mépriser, plaisanter, émerveiller.

16. Donnez le nom, avec l'anglais, de: huileux, gras, mélangé, ailé, méridional.

(G.) 17. Mettez au pluriel: un bon radical; un fier cardinal; un vrai méridional; un mal d'estomac; un cheval de bataille; un morceau d'étoffe; un tonneau de vin.

18. Expliquez l'emploi de *ne* (p. 7, l. 4): plus élevée que la cure NE mérite; et de *de* (p. 5, l. 33): DE nouveaux règlements. Faites encore deux exemples de ces usages.

19. Adjectif verbal (part. prés. employé comme adjectif): une santé (*fleurir*); une image (*vivre*).

20. Quels temps ont le même radical que le participe présent? Donnez des exemples en vous servant des verbes: danser, prier.

21. Quels sont les temps composés? De quels groupes de verbes les temps composés sont-ils formés à l'aide de l'auxiliaire *être*? Donnez la 1ère personne des temps composés de: (*a*) passer, (*b*) s'en passer.

22. Mettez (*a*) au passé défini, (*b*) au passé indéfini: il n'*invente* pas la poudre; on ne *chôme* pas ce saint: le vrai honnête homme ne *se pique* de rien.

3ᵉ Exercice : pages 9–13. Épeler, jeter, préférer.

(T.) 1. Pourquoi la foule aimait-elle les jongleurs et les chanteurs?
2. Quels héros chantaient les jongleurs du quatorzième siècle?
3. Que manquait-il aux romans comme *Sir Isumbras*?
4. Où voyagèrent les pèlerins de Chaucer et que faisaient-ils en route?
5. Que savez-vous de Rubens; du roi Arthur; de Charlemagne?

(M.) 6. Nommez des épopées françaises, anglaises, grecques, et latines.
7. Dans quelle boutique voit-on des onguents? que voit-on dans une bibliothèque? dans les galeries du Louvre?
8. A quelle fête mange-t-on de l'oie? du dindon?
9. Exprimez à l'aide d'une autre tournure: soyez le bienvenu; j'ai beaucoup goûté ce récit; vous avez le goût du travail.
10. Trouvez des synonymes: une toilette *élégante*; la bouche *ouverte*; une tête *creuse*; un air *moqueur*; une *pauvre* créature; le temps *passé*; un élève *boudeur*; une personne *gauche*.
11. Formez des phrases pour faire ressortir les différentes acceptions des mots suivants: une pensée; un souci; un jongleur; un genre; une bourse.
12. Trouvez le terme contraire: un professeur *maussade*; un air *soucieux*; une copie *magnifique*; un conte *bizarre*; la main *droite*; une bourse *pleine*; les cheveux *rares*; un élève *blasé*; une dame *jolie*.
13. Exprimez en un seul mot: la joie nous *rend jeune de nouveau*; en automne les jours *deviennent plus courts*; *prête-t-on l'oreille* lorsque les professeurs parlent? *de ce moment-ci* je serai sans souci; *dans le passé* je fus inquiet.
14. Donnez avec l'article *le nom* de: découvrir, oublier, peindre, rire, goûter, vider, soigner; *le verbe* de: le bénéfice, le geste, un exercice, l'ennui; *l'adjectif* (combiné avec un nom convenable) de: le souci, le héros, l'amour, l'enthousiasme, la gaucherie.

(G.) 15. Mettez au singulier: *les chanteurs apportent* l'oubli *des maux*; *ces héros étaient les aïeux des Bretons.*
16. *La dame* AU *gai sourire*: d'après ce modèle faites encore deux phrases et citez-en une autre (p. 11) pour faire ressortir l'usage.
17. Donnez l'infinitif: ils se *virent*; on s'y *complut.*
18. Donnez les temps primitifs de: épeler, jeter, préférer; et expliquez le but des changements qui se font dans ces verbes.
19. Ecrivez la 2ᵉ personne du sing.: futur, conditionnel, présent indicatif, et subjonctif, et impératif de: mener, ficeler, espérer.
20. Mettez à l'impératif singulier: qu'il (*chanter*) n'importe quoi; ne t'en (*soucier*) pas; (*sécher*) votre exercice; *sculpter, limer, ciseler!*
21. Au passé indéfini: le vendeur *s'anime*, le spectateur *s'en émerveille.*

4e Exercice : pages 13–18. Exercer, ménager : Pluriel.

(T.) 1. Comparez les distractions du noble du moyen âge avec celles du noble d'aujourd'hui.
2. Décrivez un repas chez un grand seigneur au temps de Chaucer.
3. Quelle musique avait-on au collège de Winchester sous Edouard IV ?
4. Pourquoi le roi voulait-il protéger ses ménestrels ?

(M.) 5. Qu'est-ce qu'un batailleur ? un pèlerin ? un colporteur ?
6. Que manque-t-il à un estropié ? à un homme mal appris ?
7. Avec quoi faut-il assaisonner une salade ? une omelette ?
8. Quels repas faites-vous tous les jours et à quelle heure ?
9. Que donne-t-on à ses amis et à ses parents à Noël ?
10. Quels animaux rongent ? et qu'est-ce qu'ils rongent ?
11. Quel chapeau un évêque porte-t-il ? et un cardinal ?
12. Où l'Anglais va-t-il s'il fait un voyage outre mer ?
13. De quel instrument de musique joue (ou jouait) l'Écossais ? le roi David ? le jeune ménestrel qui alla à la guerre ? un trouvère ?
14. Comment s'appelle une robe doublée de fourrure ? quand la porte-t-on ?
15. Que met-on dans un album ? dans une bourse ?
16. Que signifient les expressions : Les os sont pour les absents ; La nuit porte conseil ; Il a le cœur au métier ?
17. Exprimez à l'aide d'un idiotisme : cet auteur s'est élevé au-dessus des autres ; c'est l'auteur que j'aime le plus.
18. Faites des phrases pour distinguer entre : le reste, le repos ; la journée, le voyage, le travail ; à l'envie, à l'envi.
19. Trouvez le contraire : un nombre *impair* ; un élève *mal* appris.
20. Synonymes : *j'assisterai* au mariage *avec plaisir* ; invitez *n'importe qui*.
21. En un seul mot : ce qu'on peut envier, excuser, manger, user ; celui qui joue, qui chante, qui danse, qui crie.

(G.) 22. Au pluriel : le maréchal n'est plus ni le collège royal.
23. Trouvez le participe prés., et faites des phrases pour en faire ressortir la signification : courir, croître, fleurir, piquer, errer.
24. Infinitif : on s'est *tu* ; un prince *assis* ; un faucon mal *appris*.
25. Temps primitifs : exercer, ménager, employer, payer.
26. Ecrivez la 1ère personne du pluriel : du passé défini ; de l'imparf. de l'indic. et du subj. ; du prés. de l'indic., et de l'impératif, des verbes : menacer, corriger, se rappeler, sécher, projeter.
27. Quel temps a le même radical que le passé défini ? Donnez des exemples en employant les verbes : bouger, prononcer.
28. Au passé indéfini : les os *sont* pour les absents ; la nuit *porte* conseil ; les ménestrels *se taisent*.
29. Au futur : on *choque* les gens de goût ; on *regrette* cette faute.
30. A l'impératif : le premier venu *joue* du vulgaire tambourin.

5e Exercice: pages 18–22. Aller: 2e Conjugaison: Adverbes.

(T.) 1. Pourquoi l'autorité surveillait-elle les musiciens ambulants?

2. A quelle maxime Édouard Ier fit-il allusion en convoquant le premier parlement? Ecrivez en toutes lettres la date de cet événement.

3. Comment se fait-il que les ménestrels aient disparu avec le temps?

(M.) 4. Si l'on fait quelque chose à votre intention, de quelle qualité faut-il que vous fassiez preuve?

5. Sur quoi les graines des arbres tombent-elles? qu'est-ce qui luit pour tout le monde?

6. Comment s'appelle le principal office de l'église catholique?

7. Que fait le prêtre à l'office? le marchand à son bureau?

8. A quelle heure la messe a-t-elle lieu? quelles gens y assistent?

9. Quelle chanson avez-vous apprise par cœur? quel roman aimez-vous?

10. Où est Blackheath? qu'est-ce que *Carfax* à Oxford (p. 20, l. 22)?

11. Quel pays les Gallois habitent-ils? quel est le prince de Galles?

12. Quelles gens les agents de police arrêtent-ils? quelles gens les bourreaux d'autrefois décapitaient-ils? Quel roi fut décapité?

13. Comment s'appelle celui qui écoute? celui qui excite à la révolte?

14. Quel ouvrier bêche la terre? qu'est-ce que le fileur file?

15. Si l'on pleure, que répand-on? comment répondez-vous aux questions?

16. Que puise-t-on à un puits? dans les livres?

17. Synonyme: un *fauteur* de désordres; un *assassin* célèbre; une concurrence *redoutable*; un conte *étrange*; un pays *lointain*; les temps les plus *reculés*; *dorénavant* on chante l'égalité.

18. Contraire: le vice; l'amour; le commencement; l'ivraie.

19. En un seul mot: une maison couverte de chaume; un endroit où se croisent plusieurs rues; un prélat chargé d'un diocèse; un jardin où *se multiplient* les violettes.

20. Trouvez (*a*) les verbes, (*b*) les substantifs, et employez chacun dans une phrase: (*a*) la bêche, le jeu, le fil, la merveille, (*b*) céleste, miséricordieux, haineux, méprisable.

21. Expliquez: Toutes les bonnes maximes sont dans le monde, on ne manque qu'à les appliquer (Pascal).

(G.) 22. D'après le modèle de: *D'autres raisons* (p. 18, l. 11) faites des phrases avec: élèves reconnaissants, nombreuses fautes, mauvais exercices.

23. De *évident* on forme l'adverbe *évidemment* (p. 18, l. 21): quels sont les adverbes formés de: récent, ardent, patient, différent, violent? Employez-les dans des phrases pour en faire ressortir le sens.

24. Au masculin: une actrice favorite; une brave femme pieuse; une fille jalouse; une dame honteuse; une femme joyeuse.

25. Infinitif: croissant, plu, encourageant, exigeant.

26. Temps primitifs: aller, grandir. Ecrivez la 1ère pers. du sing. des temps dérivés de *aller* qui sont irréguliers.

27. Sous chacun des temps primitifs de *grandir*, écrivez à la 2e personne du singulier les temps dérivés.

28. Part. prés. (adjectif verbal): une émotion (*grandir*); un professeur (*vieillir*); un conte (*saisir*).

6e EXERCICE: pages 22–24. 2e CONJUGAISON: PLURIEL: *de* PARTITIF.

(T.) 1. Où retrouve-t-on encore vivants les usages du moyen âge?

2. Pourquoi l'esprit public condamna-t-il les ménestrels?

3. De quelle punition Stubbes menaça-t-il les ménestrels?

(M.) 4. A quelle heure vous mettez-vous à table le soir?

5. Quelles cathédrales avez-vous vues? De quelle racine dérive le mot *cathédrale*?

6. Qui est le chancelier de l'échiquier royal actuel?

7. Dans quel livre parle-t-on d'Hérode? Trouvez deux phrases dans cet exercice-ci qui sont tirées du même livre.

8. Quel animal rôde dans le bois? quel oiseau est oiseau de passage?

9. De quelle couleur sont les joues? les yeux? les cheveux?

10. Que fait-on avec du bronze? avec du cuivre?

11. Que faut-il pour découper la viande? pour couper le drap? pour tailler votre crayon?

12. La *lettre* tue, dit-on; qu'est-ce qui vivifie?

13. Dans quel pays est Venise? Comment s'appellent les habitants? Où est Tunis et de quel pays est-il une colonie? Où est la ville de Clermont-Ferrand? A quoi doit-elle son importance?

14. Contre quoi l'ombrelle est-elle un abri? et le parapluie?

15. En un seul mot: un ouvrage écrit à la main; celui qui rôde—qui danse—qui chante; celui qui étudie—qui assiste; celui qui s'adonne à la musique.

16. Expliquez: le *feu* prince; un vagabond *redoutable*; un *unique* rôle.

17. Exprimez à l'aide d'une autre tournure: voilà un modèle d'élève; l'ivraie et le bon grain; mêlez-vous de vos affaires!

18. Faites des phrases pour faire ressortir le sens de: la joue; le jeu; le jus; orient; occidental; le millier; le million.

19. Contraire: la partie *basse*; la bouche *remplie*; on justifie son *respect* des *vertus*; *l'ivrogne* va *souvent* au cabaret.

20. Trouvez, avec l'anglais, *le nom* de: danser, régner, goûter, mépriser, modeler, abriter, jouer, représenter, ébahir, mourir, suivre; *le verbe* de: gai, creux, vide; *l'adjectif* de: la joue, la honte, le millier, le ciel, l'est.

(G.) 21. Pluriel: un beau vitrail; le gros travail; le couteau à papier; c'est un jeu d'enfant; quelqu'un nous le dit.

22. D'après le modèle de: peu *de* théologiens, complétez les phrases: vous avez tant...œufs, beaucoup...beurre, assez...poivre et...sel, une demi-tasse...lait, vous pouvez faire...bonnes omelettes.

23. Passé indéfini: on ne *récrée* plus les gens; le rôle *s'avilit*; la profession *tombe*; on les *traite* en réprouvés.

24. Temps primitifs: s'ébahir, remplir, avilir, régner, effacer.

25. De quel temps sont dérivés: le pluriel de l'indic. prés. et de l'impératif; l'imparfait de l'indic.; le subj. prés.? Prenez comme exemple: réjouir.

7e EXERCICE: pages 25–28. 2e CONJUGAISON: CHAQUE ET CHACUN.

(T.) 1. Comparez l'Angleterre du moyen âge avec l'Angleterre d'aujourd'hui.
2. Autrefois si on parcourait une forêt, quelles personnes rencontrait-on?
3. Qu'était-ce qu'un 'outlaw'? Qu'est-ce qui caractérisait les lois au moyen âge?

(M.) 4. Qui est votre vis-à-vis quand vous êtes assis en classe?
5. Sur quoi les trains marchent-ils? où s'arrêtent-ils?
6. Pour quelles gens l'hôpital est-il un asile?
7. Qu'est-ce qui rend la haute forêt bruissante? Dans quelle saison est-elle verdoyante? dans quelle saison est elle couverte de neige?
8. Que chasse le braconnier? Pourquoi nous autres Anglais l'appelons-nous *poacher*?
9. Où monseigneur l'évêque a-t-il son siège?
10. Quel travail fait-on à la ferme? qui s'occupe des chevaux?
11. A quoi sert le toit de la maison? le foyer? la salle à manger?
12. De quel adjectif dérive *verdoyer*? Quels mots à terminaison semblable se forment de: la flambe (= flamme), le coude, la foudre? combinez chacun de ces trois mots avec un nom qui convient.
13. En un seul mot: un petit chemin pour les piétons; une grande voie pour les voitures; l'endroit où plusieurs rues se croisent—où deux rues se croisent à Oxford; une pierre qui marque chaque kilomètre sur les routes.
14. En vous rappelant le mot *hors*, exprimez d'une façon plus courte: la loi ne le protège plus; il n'est plus en état de combattre; il ne peut plus se contenir.
15. Trouvez deux acceptions: la gelée, le foyer, le siège.
16. Faites des phrases pour distinguer entre: la vie, la voie, la voix, la vue, le vœu, le vol, le vice, la vis.
17. Verbes: la charrue fait des *sillons*, elle...; la *pluie* tombe, il...; voilà la gelée blanche, il...; il brise ses *liens*, il n'est plus...; son intelligence a bien des *bornes*, il est très...; substantifs: le vent est *pluvieux*, le temps est à la...; le fleuve est *profond*, il a cinq mètres de...; voilà un tapis *moelleux*, il est doux comme la....
18. Est-il vrai que 'qui aime bien châtie bien'?
19. Quelle est la devise de notre pays? quelles maximes se trouvent dans cet exercice?

(G.) 20. Pronoms: *chaque homme* son goût; à *chaque homme* et à *chaque femme* selon ses œuvres; *chaque fille* s'en va à sa chacunière; j'obéis *à mon maître*; je plais *à mes parents*.
21. Adjectif verbal: une fillette (*obéir*); un père (*rougir*); une nouvelle (*saisir*); une ronce (*piquer*); les feuilles (*bruire*).
22. Passé indéf.; il *se bannit* du monde; les jeunes gens *se fiancent*; un larron *s'empare* de mon linge et *se sauve* à la fuite.
23. Temps primitifs: bannir, obéir, saisir, châtier, se fiancer.
24. Quels temps dérivent de l'infinitif? Prenez comme exemple: obéir.
25. Conjuguez le prés. de l'indic. et le passé défini: arrêter, saisir. Que remarquez-vous à propos des terminaisons de tous les autres temps?

8e Exercice: pages 28–32. 2e Conjugaison: Pronoms: Adverbes.

(T.) 1. Comment notre pays fut-il frappé en 1349?

2. En conséquence de ce désastre, quelles demandes les ouvriers firent-ils?

3. Réussirent-ils à gagner ce qu'ils demandaient?

(M.) 4. Quels devoirs avez-vous à faire le soir? Qui les corrige?

5. A quelle classe appartiennent les laboureurs? les propriétaires?

6. Dans quel comté habitez-vous? Demeurez-vous dans un hameau?

7. Où le roi a-t-il son trône? qui a son trône dans une cathédrale? quel magistrat a son siège à *la mairie*?

8. Qu'est-ce qu'un mendiant demande? un larron que prend-il?

9. De quoi manque le paresseux? l'estropié? le vagabond (p. 29, l. 7)?

10. Quand a-t-on le front soucieux? le front déridé?

11. Dans quel mois fait-on la récolte des blés? des pommes?

12. Que veut dire: *Défense* de fumer! *Défense* d'afficher!

13. D'après le modèle de: matin-*ée*, formez des mots avec: jour[n], soir, an[n]. Comment emploie-t-on ces mots? Trouvez dans ce chapitre encore quatre mots avec la terminaison -*ée*. De quel genre sont ces mots?

14. Commentez le genre de: recrue, sentinelle, personne, victime, ange.

15. Contraire: un *haut* prix; une fleur *commune*; les gages *généreux*.

16. Synonyme: *autrefois* le monde était même *pire*; *encore une fois* il faut que nous cherchions la perfection *dans un autre endroit*.

17. Prépositions: on change...place, on demeure...France; on est mouillé, on change...habits; on travaille...temps...temps.

18. *Adjectifs* (avec l'anglais): la paresse, le nombre, la bassesse; *verbes*: le règne, la réussite, l'ignorance; *substantifs*: changer, bouleverser, ébahir—quereller, plaindre—courir, mendier, étudier.

19. En un seul mot: le plus haut point (p. 26); un petit village; celui qui travaille à un métier; et l'argent qu'on lui paye.

20. Que veut dire le proverbe: A l'œuvre on connaît l'ouvrier?

(G.) 21. Au pluriel: j'entends *un vieil air*; c'*est un vrai chef*-d'œuvre; gare *au filou adroit*! *il* s'*est emparé* de *mon parapluie*.

22. D'après les modèles: passabl*e*-ment, nu*l*-le-ment, réc-*ent*—récemment, gal-*ant*—gal-amment, formez les adverbes de: forcé, étrange; jaloux, délicieux; fréquent, différent; suffisant, abondant. Combinez chacun avec un mot convenable; par exemple: passablement aristocratique.

23. Pronoms: malgré *les lois*; malgré *les statuts*; *la peste* avait bouleversé *les rapports des classes*; grâce à *la peste*, l'ouvrier se libéra.

24. Temps primitifs: menacer, diriger, changer, s'élever, renouveler (Exercices III, IV); réussir, rougir, se rajeunir.

25. Quel temps dérive du prés. de l'indic.? Exemple: s'en réjouir.

26. A l'impératif: il *réussit* dans son examen; vous l'*encouragez*; nous *acclamons* son succès; personne n'en *est* mécontent.

27. Au passé indéfini: on *se fait* mendiant; on *a* beau s'en plaindre.

28. Adjectif verbal: une nouvelle (*retentir*); la lune (*croître*); la vie (*errer*).

9e Exercice : pages 32–36. 2e Conjugaison : Féminin.

(T.) 1. Qu'est-ce qui rendait les anciennes prisons malsaines ?

2. Où peut-on voir des ceps aujourd'hui ? Quand cessa-t-on de se servir de ces instruments de torture ?

3. Comment savez-vous que la justice de nos pères n'était pas minutieuse ? La justice actuelle est-elle bien supérieure ?

4. De quoi le voyageur du XIVe siècle était-il muni ? Quels prétextes imagina-t-on pour voyager?

5. Pourquoi les grands voulaient-ils empêcher les ouvriers de chasser ?

6. Comment les nomades aidèrent-ils à faire la Révolte de 1381 ?

(M.) 7. Quels animaux conserve-t-on dans une garenne ? qu'appelle-t-on 'gibier' ? quel chien dépasse en courant le lièvre ? quel chien les Français affectionnent-ils surtout ? les Anglais ?

8. Qu'a-t-on pour empêcher sa bicyclette d'aller trop vite ?

9. Comment le professeur fait-il se dépêcher l'élève tardif ?

10. A quoi sert un escabeau ? un tabouret ? un frein ? le frêne ?

11. Trouvez un seul *verbe* : mettre en prison ; appliquer un sceau ; avoir du succès : mettre à l'abri ; un seul *adverbe* : j'habite la campagne *pour le moment*, j'habiterai *un autre endroit* en hiver.

12. Trouvez un idiotisme : je *suis sorti heureusement de l'*affaire, mais j'*étais sur le point d'*échouer ; vous *me rassurez en vain*, il *est question* de se remuer.

13. Contraire : un caractère *posé* ; une ville *malsaine* ; une nouvelle *fausse* ; une expression *relevée* ; une femme *hideuse*.

14. Trouvez des phrases pour faire ressortir les diverses acceptions de : les ceps, le vol, la volée, l'office, le bureau.

15. Distinguez : étendu—entendu ; midi—le Midi ; une majuscule—une minuscule ; un sceau—un seau—un sot ; la poutre—la solive—la planche ; le sol—le soleil.

16. Employez dans des phrases les substantifs de : voler, crier, arrêter, soucier, goûter, souhaiter ; propre, sale, beau, bon, humide.

17. Que dit-on de celui qui voit une paille dans l'œil de son voisin mais non pas la poutre qui se trouve dans le sien ?

(G.) 18. Pourquoi dit-on : *de* vaines menaces (p. 32, l. 8) ? Trouvez dans ces pages encore deux exemples de cet usage.

19. Au féminin : un rôdeur, un nomade, un mendiant mis aux fers.

20. Ecrivez, avec les noms, la 2e pers. du plur. des sept temps composés de : (*a*) s'en passer, (*b*) passer (Ex. II. 21).

21. Quel temps dérive du passé défini ? Exemple : choisir.

22. Infinitif : né, mis, appris, multiplié, remercié, enfui, querellé.

23. Au passé indéf. : le temps *se rassure*, l'effet *se devine*, le flegmatique *s'échauffe*, l'oisif *se remue*, le badaud *s'anime*.

24. Temps primitifs : abriter, rôder, corriger, placer, sécher, ramener, épousseter, épeler, ciseler, rougir, blanchir, noircir, polir.

10e Exercice: Résumé: pages 1–36.

(M.) 1. Qu'est-ce qu'un carrefour? un sentier? un salaire? une cornemuse? un scarabée? une vipère? un tapis? un toit?

2. Quand se sert-on d'un onguent? d'une bêche? d'un escabeau?

3. Donnez une recette pour faire une omelette; une salade.

4. Trouvez-vous que les supplices sont nécessaires? Etes-vous d'avis que le travail est la panacée contre les chagrins de la vie?

5. Que brûle-t-on dans une lampe? Que rongent les chiens? Que chassent les faucons? Que garde-t-on dans le cellier? dans la cave? Qu'est-ce qu'on achète chez le pharmacien? Qu'est-ce qui sillonne la terre? Quel jour tombe Noël? De quoi un manteau fourré est-il doublé? Quel personnage porte une mitre? Où l'ivraie pousse-t-elle? Quel jour va-t-on à la messe? Quel animal porte des fardeaux?

6. Qu'est-ce que le brave redoute? que le forgeron travaille? que le tisserand tisse? que le marcheur porte à la main? que l'artiste dessine? que l'ivrogne avale? que le sellier fabrique? que le coiffeur taille? que le semeur répand? que l'avare ménage?

7. De quoi manque un élève en retard? un professeur chauve? un estropié? un paresseux? un pillard?

8. Comment s'appellent les habitants de l'Ecosse? du pays de Galles? de la Gaule? de Venise? d'un village? d'une ville?

9. De quelle couleur est la poix? le pois? que veut dire: un homme de poids? Distinguez aussi entre: le moyen, la moyenne; le sel, la selle; la lie, le lien, la lice, le lis, le lit; le voyageur, le travailleur; le sceau, le sot, le seau, le saut; la Gaule, la gaule.

10. Quel élève est le doyen de votre classe? de votre école?

11. En un seul mot: l'assemblée des chanoines d'une cathédrale; une troupe d'oiseaux qui volent; un voyage fait par dévotion.

12. Expliquez: la *veille*, la *vieille* joua de la *vielle*; je m'*engraisse*, une fois *hors de pair*, je suis maintenant *hors de combat*.

13. Combinez avec un nom *l'adjectif* de: le nombre, un éloge, l'amertume, la racine, la paresse; avec un adjectif *le nom* de: sain, huileux, soucieux, changeant, borné. Trouvez (*a*) le *verbe*, (*b*) un autre *nom*: la lutte, le vol, le goût, le travail, le voyage.

14. Contraire: une vie *monotone*; un temps *maussade*; un nombre *impair*; un conte *bizarre*; une joie *rare*.

15. Faites des phrases pour montrer les diverses acceptions de: le front, feu, le courant, la langue, midi, bête.

16. Expliquez les proverbes: L'œil du maître engraisse le cheval; Qui veut aller loin ménage sa monture; Ces messieurs s'entendent comme larrons en foire; A père avare, enfant prodigue. Quels proverbes français correspondent aux proverbes anglais: Little and good; Practice makes perfect; Don't count your chickens before they're hatched?

(G.) 17. Ecrivez les temps primitifs de: être, avoir, jouer, guérir; et sous chacun écrivez la 1ère pers. des temps qui en dérivent.

18. Au passé indéfini: je me *remue*, je *vais* au but, j'y *frappe*.

19. Expliquez l'emploi de *être* et de *avoir* dans les temps composés.

20. A la 2e pers. du sing. du prés. indic. et subj., de l'impér., du futur, et du cond.: *célébrer* ton succès, *peser* ta victoire, *jeter* tes armes.

21. A la 1ère pers. du plur. du prés. indic., du passé déf., de l'imparf. indic. et subj., et de l'impér.: exiger, corriger, menacer, placer.

22. Conjuguez le prés. indic. et le passé déf.: guérir, nourrir, exercer, vendanger; l'impar. indic.: réussir, échouer; le prés. subj.: il faut que je l'*emporte*, que je *réussisse*.

23. Infinitif: croissant, surprenant, assis, appris, permis, plu, tu.

24. Adjectif verbal: la petit ville d'Aix toute (*bruire*) de ses eaux chaudes: j'aime les prés (*fleurir*) de mon pays.

25. Participe passé: une tâche (*achever*), une élève (*épuiser*), la paresse (*guérir*).

26. Adverbes: (*a*) unique, forcé, (*b*) faux, délicieux, (*c*) évident, galant. Trouvez encore deux exemples de chaque groupe.

27. *De* partitif. Donnez des exemples en employant les mots: assez, trop, autant, tant; et les phrases: beaux légumes, jolies fleurs, fruits juteux.

28. Employez un idiotisme: l'élève *qui a des* cheveux blonds, la fillette *qui a des* joues vermeilles, le garçon *qui a de* beaux mollets.

29. Complétez la comparaison: celui-ci est plus long que je...; il faut mettre plus de temps que vous...; on peut plus qu'on...pense.

11e Exercice: pages 37–40. 3e Conjugaison: Adverbes: Partitif.

(T.) 1. Quelle idée les prêcheurs nomades vulgarisaient-ils?
2. Où étudiaient-ils et comment connaissaient-ils les misères des gens du peuple?
3. Les puissants aimaient-ils ces prêcheurs?
4. Qu'est-ce que John Ball comptait voir pour tous?
5. Quel rôle les ermites jouaient-ils?

(M.) 6. De quoi est-on muni en entrant dans la classe? De quel vêtement peut-on se passer quand il fait très chaud?
7. Si la lame de votre canif est émoussée, que faut-il faire?
8. De quels outils le jardinier est-il muni? et le menuisier?
9. A quelle besogne vaque le facteur? le moine? la nonne?
10. Quelle coiffure distingue l'archevêque? où demeure-t-il?
11. Selon quels saints sont les quatre Évangiles? de quel livre forment-elles une partie? Qu'est-ce que John Ball trouva dans ce livre?
12. Quelles sont les grandes puissances de l'Europe et de l'Asie?
13. Comment s'appelle le carrefour d'Oxford et la rue principale (Ex. VII)?
14. Qu'est-ce que la ménagère puise au puits? qu'est-ce que le cordonnier raccommode? Qui le professeur surveille-t-il? Quelles gens font des discours?
15. En un mot: ceux qui sont prédestinés au bonheur; ceux qui travaillent de la main; ceux qui guérissent les maladies; ceux qui suivent les cours à Oxford; ceux qui nous précèdent dans nos emplois.
16. Contraire: une intelligence *bornée*; un salaire *diminué*; une bouteille *vidée*; une corbeille *bon marché*; les gens *pieux*.
17. Deux acceptions: une pensée, un souci, une marguerite, un bouton.
18. Distinguez: la lèvre, le lièvre, le lévrier; quel fruit porte le pêcher? où pêche le pêcheur? Pourquoi dit-on: À tout péché miséricorde?
19. Un seul adverbe: je voyagerai *de bon cœur*; *dès ce moment* je serai libre; *dans le temps* de la guerre, j'étais très pris.
20. Expliquez les dictons: Un tel fait plus de bruit que de besogne; Quand le diable fut vieux, il se fit ermite; Laid comme le péché.

(G.) 21. Temps primitifs de: recevoir. Quels verbes se conjuguent pareillement?
22. Conjuguez le prés. de l'indic. et le passé déf.: devoir, s'en apercevoir.
23. Comment dit-on en français: you are to read, you ought to read, you ought to have read? Quels sont les deux temps de *devoir* qui se traduisent par *ought*?
24. Quels temps dérivent de l'infinitif? Exemples: percevoir, munir.
25. Infinitif: lu, élu, tu, pu, répandu, répondu, repondu.
26. Au passé indéf.: son courage s'*augmente* par les difficultés; une armée se *crée*; les miracles s'*accomplissent*.
27. Employez dans des phrases les adverbes de: pieux, perpétuel; bizarre, unique; énorme, commun; puissant, décent, impudent.
28. Mettez au négatif: j'ai des fautes, j'ai encore du travail à faire.
29. Chez le pharmacien, j'achète *du* savon, *de la* pommade, *de l'*onguent, *des* pastilles, *de* petites pilules. De la même façon, faites des emplettes chez l'épicier et le fruitier, tout en faisant ressortir l'emploi de l'article partitif.

12ᵉ EXERCICE: pages 41–45. 4ᵉ CONJUGAISON: PRONOM CONJOINT.

(T.) 1. Quand vécut le poète Langland? qu'écrivit-il? à quelle classe appartint-il? comment représente-t-il l'Angleterre de son temps?
2. Pourquoi les paysans ne détestaient-ils pas les frères?
3. Décrivez les origines de l'ordre franciscain et comment il se changea avec le temps. Où leur église de Londres se trouva-t-elle?
(M.) 4. Où voit-on trop d'auberges? où se réunit la canaille?
5. Quelles gens faut-il fréquenter? lesquelles évite-t-on?
6. Quelle est la meilleure marque de chocolat? de savon?
7. Quand a-t-on l'estomac creux? quand fait-on des rêves?
8. Quels griefs l'ouvrier d'aujourd'hui a-t-il? et le prêtre quels chagrins? quels sont les signes extérieurs du deuil?
9. Qu'est-ce qui fait l'orgueil d'une mère? d'un soldat?
10. Contre quoi les justes luttent-ils? Maeterlinck appelle un de ses livres *Le Temple enseveli*. Que veut dire: enseveli? Trouvez ce que c'est que *Le Temple*.
11. Quelles sont les bêtes mordantes? Qu'est-ce qu'une parole mordante?
12. Un savant est-il toujours sage? Se passe-t-il de savon?
13. Que cisèle-t-on sur le marbre? Comment s'appelle la petite boule de marbre qui sert à des jeux d'enfants?
14. Quelles gens portent des sandales? des bas? lesquelles vont nu-pieds?
15. Quelle médicament fait-on avec le foie de la morue? quelles gens prêtent foi à ce remède? Combien de fois l'avez-vous goûté?
16. Quelles sont les dimensions de votre classe? quelle est votre taille?
17. Que vend l'aubergiste? le pelletier? qu'étalent les marchands sur la place du marché? Quel jour se tient le marché?
18. Qu'est-ce qu'un homme de marque? de poids? de paille?
19. Contraire: un prêtre *difficile, peu* accommodant; un professeur *illettré, ignorant*; un médecin *inexpérimenté, malhabile*; un timbre *commun, ordinaire*.
20. En un seul mot: celui qui sait beaucoup; celui qui remporte une victoire; celui qui prend tout pour soi; celui qui a été abandonné.
21. Expliquez: Dis qui tu fréquentes, on te dira qui tu es.
(G.) 22. Temps primitifs: se rendre, répondre; sous chacun écrivez à la 2ᵉ pers. sing. les temps dérivés.
23. Conjuguez le prés. de l'indic. et le passé défini: ensevelir, mordre.
24. Au passé indéf.: on *dépouille* le vieil homme, le cœur *s'épure*.
25. Remplacez par des pronoms: on trouvait *le moine* bien coulant; Envie dit *aux frères*—étudiez *la logique*; saint François donna *aux frères une sainte mission*; le bas peuple n'aime-t-il pas *les frères*? je ne suis pas *frère*; l'évêque a cité *un vers au moine*—ne convoitez pas *le bien d'autrui*; apporte-moi *mon bréviaire*. Faites une liste des pronoms conjoints.
26. Donnez deux règles pour la position du pronom conjoint.

13e EXERCICE: pages 45–48. LES QUATRE CONJUGAISONS: ACCORD DU PARTICIPE: PARTITIF.

(T.) 1. Quelle différence y avait-il entre les Dominicains et les mineurs?

2. Quelles gens bafouaient les frères? Pourquoi les redoutait-on toujours? Où les voyait-on? A quelles besognes vaquaient-ils?

(M.) 3. Quelle est le symbole de la justice? les clefs sont les attributs de quel apôtre? et le croissant le symbole de quel pays?

4. Quel est le saint patron de l'église de votre paroisse?

5. Quel a été le chiffre de vos dépenses pendant la semaine dernière?

6. Si l'on a les mains gercées, que faut-il y appliquer?

7. De quoi couvre-t-on les pots de conserves? les tambours?

8. Quelle ceinture avaient les cordeliers (ou mineurs—ou franciscains)? à quoi servent les bretelles? quelles gens portent des cuirasses? comment s'habille un moine? que dressaient les frères? que faut-il pour coudre?

9. A quoi sert une balance? combien de bassins a-t-elle? Quel est le synonyme de bassin? que sert-on sur un plateau?

10. Que porte-t-on dans un seau? que met-on dans un bénitier?

11. Que fait-on dans la cuisine? dans la salle à manger?

12. Dans quel pays se trouvent: Assise, Saltzbourg; dans quel comté: Tunbridge, Charlton?

13. Qu'habite un paroissien? un villageois? un citadin? un campagnard?

14. Quel est le défaut de l'orgueilleux? de l'égoïste? de celui qui voit la paille et non pas la poutre (Ex. IX)?

15. La date de la Saint-Michel? quand l'empereur Charles régna-t-il?

16. Distinguez: le matelot a *une cabine*, qui habite *une cabane*? le marchand *en gros* ne vend que de grandes quantités, qui vend de petites? combien d'*aiguilles* a la balance? la couturière?

17. En un mot: celui qui écoute; qui quête des aumônes; qui est d'une autre nation; qui est tiré à quatre épingles; l'entrelacement des lettres initiales; un changement du tout au tout; le chef de l'Eglise catholique.

18. Exprimez à l'aide d'une autre tournure: il a le cœur au métier; cela ne vaut pas une épingle; le voilà réduit à la besace.

19. Expliquez le dicton: L'habit ne fait pas le moine.

(G.) 20. Partitif: faites des phrases avec: beaucoup, bien, trop, autant, encore. On met *de* après tous les adverbes sauf deux; lesquels? Ajoutez le partitif: pour faire la rémoulade, il faut...huile,... vinaigre,...sel,...poivre.

21. Temps primitifs: vénérer, loger, épeler, ciseler, obéir, compatir, concevoir, répondre.

22. Quels temps ont la même base que le part. prés.? Exemple: rendre.

23. Au passé indéf.: le printemps *vient*, les champs se *vêtent* de roses, je *vais* où le vent me *mène*.

24. Sans *oublier*, en *passant*; expliquez la forme du verbe.

25. Les visions qu'ils ont *eues* (p. 46, l. 18): pourquoi fém. et pluriel?

14ᵉ Exercice: pages 49–53. Aller: Pronoms Disjoints: Subjonctif.

(T.) 1. Comment les frères regardaient-ils l'avènement de Henri IV?

2. Par quel livre Sir Thomas More s'immortalisa-t-il? Quel livre Tyndal traduisit-il? De quel pays était Luther? Où et comment Latimer mourut-il?

3. Qu'est-ce qu'une indulgence? Comment employait-on le revenu que produisait le commerce des indulgences?

4. Faites le portrait du pardonneur du XIVᵉ siècle.

(M.) 5. Quels sont les produits d'une ferme anglaise? Quel effet la concurrence a-t-elle sur le prix des produits?

6. Quels fabricants gagnent les plus grands bénéfices et pourquoi?

7. En quoi consiste le métier de colporteur? qu'a-t-il d'attrayant?

8. Quels mots anglais dérivent des mêmes racines que: la chaire, la chair, la chaise? Quelles gens prêchent de la chaire? on mange la chair de quels animaux?

9. Quelles fleurs cueille-t-on en février? quels fruits en août?

10. Qu'est-ce qu'on enfile? tranche? fouette? rôtit? méprise?

11. Qu'est-ce qui sonne en carillon? à quoi sert une chaîne?

12. Une autre tournure: il pleut *à seaux*; le voyageur *n'a pas de maison*; je *ne suis pas digne* pourtant *de délier le cordon de ses souliers*; le remède *empire* le mal.

13. Un seul mot: manger moins qu'il ne faut; devenir pire.

14. Contraire: la marée *montante*; une maison *bien* estimée; un esprit *bizarre*; l'*esprit* prompt, la...faible; les voilà *partis*, c'est un grand *débarras*; le *mépris* des richesses; à père..., enfant *prodigue*.

15 Employez dans des phrases les verbes de: le péché, la pêche, le secours, le siège, le travail, le voyage, le châtiment.

16. Trouvez encore trois mots de chaque famille: le fil, la vulgarité, le ménage, le jurement, la peinture, l'embarras, le rôt.

17. Trouvez encore deux exemples de chaque gallicisme: (*a*) on voyage *de* ville *en* ville, (*b*) l'homme *au* masque de fer, (*c*) nous avons toutes les qualités séduisantes, nous *autres* Français (Crébillon), (*d*) les bourgades sont *de* petits bourgs.

18. Expliquez: À chacun son métier, les vaches seront bien gardées.

(G.) 19. Remplacez par des pronoms: charité habite chez *les intelligents*; après *Louis XV*, le déluge; il n'y a pas de petit chez *la bonne ménagère*. Faites la liste des pronoms disjoints. Quand les emploie-t-on?

20. Temps primitifs: aller, voyager, rôtir, apercevoir, pendre.

21. Donnez la 2ᵉ pers. sing. des temps dérivés de *aller* qui sont irréguliers.

22. Au passé indéf.: elle se *débarrasse* de ses ennuis, elle se *remet*.

23. Adverbes: violent, fréquent, bizarre, aveugle, malicieux.

24. Expliquez le subjonctif: p. 49, l. 28; p. 50, l. 13; p. 50, l. 18, et d'après chaque modèle faites encore une phrase.

15e EXERCICE: pages 53–56. 2e CONJUGAISON: PRONOMS: PLURIEL: PARTITIF.

(T.) 1. Que fallait-il au pardonneur? De quoi relevait-il les gens?
2. Comment les évêques essayaient-ils d'entraver ses mouvements?
(M.) 3. Quelles mines exploite-t-on en Angleterre? en Australie?
4. Quelles gens les usuriers exploitent-ils? et comment?
5. Dans quelles villes les Anglais allaient-ils en pèlerinage?
6. Comment s'appelle le prêtre placé à la tête d'une paroisse? et son remplaçant ou assistant?
7. De quoi le savant est-il muni? de quoi le pèlerin se passe-t-il? de quoi faut-il garnir la bourse?
8. Que porte-t-on dans un sac? quel haut fonctionnaire anglais siège sur un sac de laine?
9. Que peint-on sur une toile? que fait l'araignée pour attraper les mouches? que mange-t-on avec une cuiller? à quoi servent les fils télégraphiques?
10. Avec quoi sont faits les bulles? les anneaux? les cuillers?
11. Quel jour tombe l'anniversaire de votre naissance?
12. Des noms de quels animaux dérivent les verbes: singer, moutonner, vacciner, rosser, fureter, hérisser, ânonner. Employez ces verbes dans des phrases pour en faire ressortir le sens.
13. Une autre tournure: *tantôt* je gagne moins, *tantôt* plus; voilà un brave garçon toujours *enfoncé dans les livres*; mon Dieu, ce couteau *a le fil*.
14. Un seul adverbe: je m'en passerai *avec plaisir*; je travaille *à présent*, je ferai mon thème *avec soin*, je le finirai *sans remise*, et vous me trouverez *dans un autre endroit*.
15. Le contraire: tantôt *une perte*, tantôt un...; j'ai *beaucoup* de fautes, vous en avez...; celui-là est pauvre dont *la dépense* excède la...; me voici *embarrassé* de paquets,...-moi! votre ceinture est *débouclée*,...-la.
16. *Plus* il y a de fous, *plus* on rit; citez le proverbe anglais qui correspond. Trouvez un autre exemple de l'usage en italique.
(G.) 17. Partitif: voici ma recette d'une salade:...escarole,...petits oignons, ...jus de citron,...huile,...poivre, tourmentez et servez.
18. Pronoms: grâce à *leur stupidité*, il a perçu *de grandes sommes*; *pluie du matin* n'a pas arrêté *le pèlerin*.
19. Pluriel: le vieil adage, le bel art, un nouvel habit.
20. Temps primitifs: éblouir, munir, garnir—courir, cueillir, venir.
21. Quelles sont les terminaisons du part. prés. et de la 1ère pers. du prés. indic. (*a*) des verbes réguliers de la 2e conj., (*b*) des verbes irréguliers?
22. Conjuguez (*a*) le prés. indic. de: munir, courir, cueillir, (*b*) l'imparfait indic. de: garnir, saisir, venir, accueillir.

16e Exercice: pages 56–60. 2e Conjugaison: Comparatif: Pluriel.

(T.) 1. Richard II épousa-t-il la sœur de l'empereur? fut-il un mari amoureux?

2. Le pardonneur vendait des pardons; qu'avait-il pour amuser ses clients?

3. Lesquelles des reliques dont on parle ici trouvez-vous les plus bizarres?

4. Quel roi bâtit le château Rougemont d'Exeter? Comment la cathédrale diffère-t-elle extérieurement de toutes les autres? Quel apôtre est son patron (il porte des clefs)?

5. Dessinez maître Renard du vieux psautier (p. 60, l. 9).

(M.) 6. Dressez le menu d'un dîner à votre goût. Quand mangez-vous du pain grillé? Que portait le pèlerin dans son flacon?

7. Quand est-on en sueur? après quel travail a-t-on des ampoules aux mains? quand est-on mouillé jusqu'aux os?

8. Combien de leçons de français avez-vous manquées ce trimestre? combien de fois par an l'examen se fait-il?

9. Que serre-t-on d'ordinaire dans une cassette? que renferme-t-on dans une armoire? dans un placard?

10. Quel chapeau un cardinal porte-t-il? un évêque? quel ecclésiastique porte une crosse? quels soldats reçoivent la croix?

11. Pourquoi le navire a-t-il une voile, et la dame un voile?

12. Combien pèse un sac de charbon? un seau de charbon?

13. Quel bruit entend-on dans la basse-cour? de quels oiseaux mange-t-on les œufs? combien coûtent les œufs?

14. Quel jour les cloches carillonnent-elles gaiement?

15. Qu'est-ce qu'un témoin oculaire? un aubergiste?

16. Quelle trouvaille la fille de Pharaon fit-elle dans les joncs?

17. Combien de vierges furent martyrisées suivant une légende à Cologne? comment saint Laurent périt-il? comment appelle-t-on les trois rois—Caspar, Melchior, Melchisédech? Quel jour les fête-t-on?

18. Quels sont les points cardinaux? les vertus cardinales?

19. On dit: un *trousseau* de clefs, et de quoi en outre? une bouffée de quoi? un bouquet de...? la marge de...?

20. Distinguez entre: une faute, un faux; une cuiller, cueillir; une cloche, une horloge; un morceau, une pièce; un thème manqué, un thème réussi.

21. On dit: deux mois *auparavant*, *avant* midi, *avant de* sortir, *devant* moi. Faites encore des phrases pour montrer les quatre façons de traduire l'anglais *before*.

22. Développez la pensée: Tout manque, si l'intérêt manque.

(G.) 23. Temps primitifs: sortir, couvrir, venir; quels verbes se conjuguent de la même façon que ces trois respectivement? Lesquels des temps dérivés de ces verbes sont irréguliers?

24. Adjectif verbal: un bruit (*assourdir*); une lumière (*éblouir*); une nouvelle (*saisir*); un élève (*souffrir*); un parent (*compatir*); séance (*tenir*).

25. Au pluriel: c'est un gai compagnon, un charmant garçon.

26. Pourquoi *ne* (p. 58, l. 7)? Faites encore deux phrases semblables.

17e Exercice : pages 60–63. 2e Conjugaison : Partitif : Pluriel : Adverbes : Comparatif.

(T.) 1. Montrez qu'on était plus crédule au XIVe siècle que maintenant.

2. Que savez-vous de Molière? Quelle croyance populaire condamna-t-il?

(M.) 3. Quelle punition craignez-vous le plus? à quoi une punition doit-elle être proportionnée?

4. Que met-on dans un broc? dans une cruche? dans une écuelle? de quels vaisseaux se sert-on dans la classe de chimie?

5. Que fait-on avec des ais? avec de la dentelle?

6. Qu'est-ce que la lucarne? Trouvez un exemple de l'emploi figuratif du mot *éclairer*.

7. Comment appelle-t-on 'la tête' d'une église, la partie située derrière le chœur? De quelle forme est une flèche d'église?

8. Qu'est-ce qui fait fonctionner votre montre?

9. Quand lit-on un livre de chevet? quelle histoire de revenants avez-vous lue? quelle encyclopédie connaissez-vous?

10. Quels vêtements porte celui qui est en deuil?

11. De quoi se compose un bûcher? Quel évêque périt sur le bûcher?

12. Que filent les araignées? Que mangent les vers?

13. Quels animaux sont *cornus*? Mettez un substantif convenable avec les adjectifs formés pareillement de: barbe, joue, feuille, herbe.

14. Quel vin est mousseux? Qu'est-ce qu'une rose mousseuse?

15. En temps de guerre, quelles denrées renchérissent, et pourquoi?

16. A quelle saison la terre se rajeunit-elle? Quel jour est intercalé dans le calendrier dans les années bissextiles?

17. Comment s'appelle un savant qui s'adonne à l'astronomie?

18. De quelle couleur est la topaze? la bière? la fumée?

19. De quoi se pare le vaniteux? de quoi l'avare s'empare-t-il?

20. Trouvez une autre tournure: elle est *belle comme un astre*; mon professeur est *une encyclopédie vivante*; je vous souhaite *un bonheur sans mélange*.

21. Faites des phrases pour distinguer entre: le jeu, le jouet, la joue; une cuiller, une cueillette; le sage, le savant.

(G.) 22. Partitif: allez acheter...petits pains,...babas, un kilo...farine,...levure,...madeleines fraîches,...grandes brioches.

23. Pluriel: le savant (dit Emerson), c'est un flambeau.

24. Employez dans des phrases les adverbes dérivés de: nul, cruel, nouveau.

25. Temps primitifs: mourir, acquérir, bouillir, assaillir.

26. Au futur: on *acquiert* avec plus de joie que l'on ne *possède*. Pourquoi *l'* devant *on*, et *ne* devant *possède*?

27. Au passé indéf.: les feuilles *meurent*, l'automne *revient*, *j'achève* mon voyage, les vacances *s'écoulent*, les classes *recommencent*. Quelle est la règle pour l'emploi de *être* et de *avoir*?

18e Exercice : pages 37–63. Résumé.

(M.) 1. Qu'est-ce qu'on puise? tranche? fouette? épingle? exploite? garnit? étale? accapare? mord? sale? affile? emprunte? dresse? bafoue?

2. Dans quoi serre-t-on de menus objets? verse-t-on de la bière? sont les bons onguents?

3. Que tire-t-on du foie de la morue? que faut-il pour peser un paquet? pour remonter une horloge? sur quoi sert-on du café, des rafraîchissements? qu'a-t-on pour soutenir le pantalon? que renfermez-vous dans votre armoire?

4. On dit: une foule, de quoi? une volée de...? le carillon de...? un trousseau de...? une bouffée de...? une cuillerée de...? un seau de...? une bulle de...? un pot de...?

5. Qu'est-ce qui a une lame? un ressort? une aiguille? une voile? des plateaux?

6. Qu'est-ce qu'un carrefour? une remise? une borne? un croissant? une chaire? une chaise? un livre de chevet?

7. De quel outil le cordonnier est-il muni? quelle personne est munie d'une besace? de quoi est munie une bibliothèque? de quoi est garni un autel? le lavabo est garni d'une cuvette, et aussi d'un...?

8. De quoi se passe l'ermite? l'homme égoïste?

9. Qu'est-ce qui manque à l'égoïste? à celui qui a le cerveau faible? à un médecin inexpérimenté?

10. Quel marchand vend des fourrures? de la morue? quelle est la besogne d'une cuisinière? comment le colporteur gagne-t-il sa vie? quel métier est le plus honorable?

11. Quelle personne a des griefs? du chagrin? les ongles en deuil? des ampoules aux pieds? une douleur à l'estomac? de la peine à travailler?

12. Pourquoi un évêque porte-t-il un anneau? comment s'appellent les trois mages d'Orient? dans quelle paroisse demeurez-vous? quel est la plus fameuse des œuvres de John Bunyan?

13. Quel fut la terre coulante de lait et de miel? dans quel pays y a-t-il un mélange de races?

14. Quels sont les symptômes d'un rhume de cerveau? quel en est le meilleur remède? que guérit une panacée?

15. Quel but vise l'aubergiste? le pêcheur? contre quoi lutte le soldat?

16. Que faut-il ménager en temps de guerre? que faut-il pour faire du feu dans la cheminée? quelle est la meilleure recette pour faire une omelette?

17. Sur quoi les abeilles font-elles leur butin? quels oiseaux gloussent dans la basse-cour? lesquels font 'cocorico'? quel rapport y a-t-il entre les mots: moine et moineau, chien et canaille? Quel proverbe anglais correspond au proverbe français: Un chien regarde bien un évêque?
18. Combien de fois dans les 24 heures la marée monte-t-elle? Que veut dire: La plus belle moitié du genre humain? Quelles sont les dimensions de votre cour de récréation? Quelle est la taille de votre professeur? Dessinez votre chiffre (Ex. XIII).
19. Quelles gens habitent, hélas! des masures? des palais?
20. Une autre tournure: il a *des bouffées* de mauvaise humeur; il *a beau* nous bafouer; il ne sort jamais *des bornes*.
21. Indiquez le contraire: le *menu* bétail; un professeur *sans expérience* et *ignorant*; un remède *bienfaisant*; la beauté; la modestie; la richesse; l'altruisme; le vice; la vie; le mépris; la chair.
22. Un seul adverbe: dès cette époque; dans tous les endroits; il y a longtemps; à tel moment...à tel moment.
23. Trouvez deux acceptions: la toile, la défense, le salut.
24. Deux mots (avec l'anglais) de la même famille: le témoin, un emprunt, un prêt, un vœu, le secours, un office.

(G.) 25. Temps primitifs: aller, exiger, menacer, peser, ficeler, rajeunir, sortir, devoir, percevoir, répondre.

26. Ecrivez les temps primitifs de: vieillir, et sous chacun écrivez la 2e pers. du sing. des temps dérivés.
27. Ecrivez la 3e pers. du prés. (ind. et subj.) du fut. et du cond. de: amener, protéger, épeler, rejeter.
28. Conjuguez le prés. de l'ind. et l'impar. de l'indic.: munir, guérir—dormir, accueillir; le passé défini: s'en passer, éblouir, défendre, décevoir.
29. Participe passé: rouvrir, revêtir, mourir, rasseoir, émouvoir, élire.
30. Trouvez encore un exemple de chaque gallicisme: (*a*) en *forgeant*, je deviens forgeron, (*b*) sans *sortir* de l'ornière, (*c*) c'est la trempe de son âme qui l'a *rendue* heureuse, (*d*) trois poltrons ensemble *ont* moins peur qu'un brave tout seul, (*e*) nous avons toutes les qualités séduisantes, nous *autres* Français, (*f*) pensez-vous qu'il *voie* toujours clairement ce qu'il est, (*g*) on peut plus que l'on *ne* croit, (*h*) Un lièvre en son gîte songeait, Car que faire en un gîte *à moins que* l'on *ne* songe?

19e Exercice : pages 64–68. 3e Conjugaison : Pronoms Démonstratifs : Subjonctif.

(T.) 1. Dans quel but faisait-on des pèlerinages?

2. Quels étaient les deux lieux de pèlerinage les plus courus?

3. Pourquoi Edouard II se fâchait-t-il quand on vénérait le tombeau du comte de Lancastre?

4. Comment portait-on honneur au comte à Londres?

5. Pour quel motif les prêtres voulaient-ils attirer les pèlerins?

6. Quel succès l'abbé de Meaux avait-il dans sa tentative?

7. Comment saint Thomas de Cantorbéry gagna-t-il la palme du martyre?

(M.) 8. Quel roi anglais fit un pèlerinage en Terre Sainte?

9. Quel jour de la semaine les catholiques jeûnent-ils?

10. Quelle partie d'une église appelle-t-on le chœur? où se trouve le chevet? quelle tâche l'enfant de chœur a-t-il?

11. Qu'est-ce que le médecin essaye de guérir? de quoi s'occupe le chirurgien? que vend le pharmacien?

12. Quelle plante dont la racine est médicinale pousse près Pontefract?

13. Que vend l'épicier? d'où dérive son nom? comment appelle-t-on son magasin? qu'est-ce qu'un épicier au sens figuré?

14. Que veut dire l'avis: 'Défense de fumer' et où le voit-on?

15. Quelles fleurs l'aubépine produit-elle et en quel mois? à quelle fête, selon une légende, fleurit celle de Glastonbury?

16. Quel jour reçoit-on 'les meilleurs vœux' de ses amis?

17. Qu'est-ce qui empêche l'élève de manquer à son devoir? de quoi manque le paresseux? pourquoi manque-t-il ses leçons?

18. Que souffre un supplicié? que rédige un rédacteur? que fabrique un fabricant?

19. Synonymes: une *plaie* mortelle; un lutteur *redoutable*; un fruit *défendu*; *la grande coupe* magique qui n'est pleine que pour l'amant fidèle.

20. Une autre tournure: il ne faut pas *être sorcier* pour deviner cela; j'ai réussi, malgré *vents et marée*; elle est sage *comme une image*; vous avez *bien de la chance*.

(G.) 21. Temps primitifs: léguer, vénérer, rédiger, pleuvoir, pouvoir, savoir.

22. Quels sont les temps dérivés de: pouvoir, savoir, voir, qui sont irréguliers?

23. Conjuguez: (*a*) le prés. de l'indic.: rédiger, pouvoir, savoir, revoir, (*b*) l'impératif: *être* toujours un héros, *être* plus, *être* citoyen; *savoir* la vérité; *avoir* courage; *cueillir* les boutons de rose.

24. Remplacez par des pronoms démonstratifs: je cherche *les fleurs* qui sentent le mieux; *cette fleur-ci* est un souci, *cette fleur-là* un tournesol; arrosez *ces fleurs-ci*; préférez-vous *cette couleur-ci* ou *cette couleur-là*? je préfère *la couleur* de la chicorée. Faites une liste des pronoms démonstratifs.

25. Formez des adverbes dérivés de: coulant, violent, bizarre, continuel, profond, mauvais, bon, meilleur, et employez chacun dans une phrase.

26. Pourquoi le subjonctif, p. 66, l. 15 et p. 67, l. 36?

20e Exercice: pages 68–72. 3e Conjugaison: Pronoms Relatifs.

(T.) 1. Décrivez le voyage de Southwark à Cantorbéry. Quelle en est la distance? Par quelles villes passe-t-on?

2. Où se trouve Walsingham? Pourquoi y allait-on en pèlerinage? De quoi y voit-on aujourd'hui les restes?

3. De quelles classes les pèlerins étaient-ils? Que faisaient-ils en général à la châsse qu'ils visitaient et qu'en remportaient-ils?

4. Pourquoi la médaille d'Amiens représentait-elle la tête de saint Jean-Baptiste? (P. 74, l. 36.)

5. Comment le palmer passait-il et gagnait-il sa vie?

(M.) 6. Que met-on dans une châsse? qu'est-ce que le châssis d'une auto? quelles gens vont à la chasse en Angleterre?

7. Que fabrique-t-on avec du plomb? avec de l'étain? que nettoie-t-on avec des coquilles d'œufs?

8. De quel bateau dit-on: c'est une coquille de noix? Quelle différence y a-t-il entre: un œuf à la coque et un œuf sur le plat? Lequel goûtez-vous le plus? A quoi sert un coquetier?

9. De quelle couleur est le fer qu'on a beaucoup chauffé? Comment employait-on ce fer chaud?

10. Dans quel but étudie-t-on le français? le latin?

11. Que protègent les paupières? Quel est le poil qui borde les paupières—qui est en forme d'arc au-dessus de l'œil?

12. Où porte-t-on une médaille? un bracelet? une bague?

13. Une autre tournure: ce monsieur est un *pilier de l'église*; il est tout *cousu d'or*; il y a longtemps qu'il *sortit de sa coque*; il est financier *de profession*.

14. Faites des phrases pour distinguer entre: le jus, le jeu, la joue; le louage, la louange; la larme, la lame; le mort, la morte, la mort; le plat, une assiette; le serment, le sermon.

15. Contraire: un esprit *borné*; de *nombreuses* fautes; un exercice *manqué*; *bien des* fautes; le *dessus* du panier; *souvent* femme varie, bien *fol* est qui s'y fie.

16. Expliquez: Qui veut aller loin ménage sa monture; et aussi le vers de la Fontaine: Un bûcheron perdit son gagne-pain, C'est sa cognée; et résumez le reste de la fable.

(G.) 17. Temps primitifs: jaillir, franchir, vouloir, s'asseoir, falloir.

18. Quel temps dérivent de l'infinitif? Exemples: franchir, pleuvoir.

19. Au futur: il *voudrait* vous aider, il *faudrait* l'en remercier.

20. A l'impératif: vous ne lui en *voulez* pas, *vous savez* lui obéir.

21. Au passé déf.: elle s'*assied*, elle les *engage* d'attendre.

22. Copiez dans les pages 69, 70 les phrases qui contiennent un pronom relatif, et faites une liste complète de ces pronoms.

23. Donnez la règle pour l'emploi de *laquelle* (p. 70, ll. 8, 19).

21e EXERCICE : pages 72–76. 4e CONJUGAISON : PRONOMS INTERROGATIFS.

(T.) 1. Faites le portrait du *palmer*.
2. En France quels lieux de pèlerinage étaient les plus populaires ? Que voyait-on dans les châsses ?
3. Pourquoi la race nomade était-elle mal vue des officiers du roi ?
4. De quoi fallait-il se munir avant d'aller en pèlerinage ?
5. Le palmer était-il d'ordinaire loup de mer, avait-il le pied marin ?

(M.) 6. Quelle est la devise de l'Angleterre ? de la France ? Quel dicton de ces exercices choisiriez-vous comme devise ?
7. Pourquoi ne peut-on plus se rendre directement de Sandwich jusqu'en Espagne ? Est-ce que Kingston-upon-Hull est une ville bien connue ? Que savez-vous de Saint-Botolph ?
8. De quoi se sert-on pour faire la cuisine ?
9. Quelles gens voient trouble ? lesquelles pêchent en eau trouble ?
10. A quoi mord le poisson quelquefois quand on pêche ? quels insectes produisent de la cire ? et que produisent-ils en outre ?
11. Combien de milliers de vierges périrent, dit-on, à Cologne ?
12. Comment s'appelle l'objet qu'on suspend dans une église par reconnaissance d'une grâce obtenue ? Quel mot est sous-entendu ?
13. Pour quelles gens le travail est-il un attrait ? Quel appât attire l'égoïste ? Quel jeu est pour vous le plus attrayant ?
14. Si vous toussez, qu'avez-vous ? Qu'est-ce qui vous guérit ?
15. Qu'est-ce que le malvoisie ? la Manche ? la voie étroite ?
16. Qu'est-ce qui coule ? s'écoule ? brûle ? éclaire ? Qu'est-ce qui ennuie le professeur ? les élèves ? Que cire-t-on ? Que puise-t-on ? Que trouve-t-on au fond d'un puits ?
17. Trouvez des synonymes : la madone ; le matelot ; l'embarras ; le début ; le résumé.
18. Le contraire : vous avez *raison* ; parlez *bas* ; elle est *bien* vue ; il paye *pis* ; un but *frivole* ; *la haine* de la *guerre* ; un ourlet *décousu* ; à *peu* de frais ; au-*dessus* de 51.
19. Faites des phrases pour distinguer entre : la Manche, la manche, le manche, le manchot, le manchon, la manchette ; le début, debout.
20. Une autre tournure : *il est question* d'aller en Ecosse ; il nous veut *du mal* ; c'est un homme *qui ne se gêne pas*.
21. Expliquez : Plutôt souffrir que mourir, C'est la devise des hommes ; Femme de marin, femme de chagrin.

(G.) 22. Temps primitifs : répondre, traduire, suivre, accomplir, ressentir. Que remarquez-vous du passé déf. des verbes en -re et en -ir ?
23. Adjectif verbal : gêner, inquiéter, éblouir, décevoir ; participe passé : mourir, naître, coudre, peindre ; joignez avec chacun un subs. convenable. Quels temps dérivent des deux participes ?
24. Remplacez par les quatre pronoms interrogatifs : *Quelle joie* vous égaie ? *Quel bonheur* attendez-vous ? *Quel ami* va vous faire visite ? *Quel parent* comptez-vous revoir ?

22e EXERCICE: pages 77–80. 4e CONJUGAISON: SUBJONCTIF: PARTITIF: FÉMININ: PLURIEL.

(T.) 1. Quelles étaient les reliques les plus étranges qui se trouvaient à Rome?
2. Saint Luc fit-il un portrait de la Vierge?
3. Comment se faisait-il que les pauvres pouvaient accomplir des pèlerinages lointains?
4. Quels contrastes frappants remarque-t-on dans la vie religieuse du XIVe siècle?

(M.) 5. Quel jour tombe la Toussaint? quel jour la Cène se fit-elle? En quel mois les jours raccourcissent-ils?
6. Quelle profession exerçait saint Luc? que porte le bedeau de cathédrale? que foule le foulon?
7. Qu'arriva-t-il à la verge d'Aaron? quels arbres poussent dans le verger? à quoi sert le foin? le sainfoin?
8. De quelles gens se compose *le tiers* état? que veut dire *ma chère moitié*? *un mauvais quart d'heure*?
9. Comment remplit-on un vœu? comment manque-t-on de parole?
10. Ecrivez en français moderne la citation de la page 79, ll. 25–6.
11. Comment écrit-on en abrégé: c'est-à-dire; Monsieur; Messieurs; Madame; Mademoiselle; Saints; tournez, s'il vous plaît?
12. Expliquez l'adjectif: un mal *guérissable*; un jour *pluvieux*; un oignon *espagnol*; un copain *endimanché*.
13. Synonymes: l'obscurité; un aperçu; un abrégé; le motif; le récit.
14. Dites en un seul mot: au temps passé; avec le temps; ne pas savoir; la troisième partie; une faute contre la loi religieuse.
15. Le contraire: le *mal*faiteur; le *mal*heur; *mal*heureux; *partout*; *beaucoup* de respect.
16. Expliquez les dictons: Le jeu ne vaut pas la chandelle; Pas de plaisir où il y a de la gêne.

(G.) 17. Temps primitifs: naître, connaître, plaire, prendre, pleuvoir, savoir, abréger. Quand met-on un accent circonflexe sur l'i dans les trois premiers verbes? Faites des phrases pour distinguer entre *connaître* et *savoir*: et encore une pour montrer la préposition que prend *plaire*.
18. Au passé indéfini: Qui *s'attend* à l'écuelle d'autrui *dîne* souvent par cœur; L'ennui *entre* dans le monde avec la paresse.
19. Au passé défini: il est né en 1870, je l'ai connu, j'ai lu ses livres.
20. A l'impératif: il sait sa leçon, il apprend du français, il se dégourdit.
21. Conjuguez au passé déf.: j'abrège, je raccourcis, j'aperçois, je comprends.
22. Faites précéder de: si; à moins que; bien que; avant que;—il pleut, je ferai une promenade.
23. Féminin: sois toujours *mon compagnon, un héros*, sois plus, sois *citoyen*.
24. Pluriel: Heureux *celui qui est mort* dans *une juste guerre*! Heureux *l'épi mûr* et *le blé moissonné*!
25. Article partitif: On prend plus...mouches avec...miel, qu'avec...fiel; avec...gaieté,...douceur,...beaux gestes, on conquiert.

23e Exercice : pages 81–85. 4e Conjugaison : Adverbes : Pluriel.

(T.) 1. Montrez comment on était à la fois sceptique et intolérant au XIVe siècle. 2. Comment imaginait-on qu'on pouvait faire ouvrir la porte du ciel de la main des autres? 3. Pourquoi voulait-on convertir l'infidèle au lieu de l'écraser? 4. Comment sait-on que les Anglais d'autrefois avaient le goût des voyages? 5. Quelle planète leur donnait-on?

(M.) 6. Que déclare un testateur dans son testament?

7. Que laboure-t-on? Que creuse la charrue quand on laboure?

8. Que traverse l'Anglais en allant à l'étranger? Où se trouve l'île de Chypre? à quel pays appartient-elle et quelle valeur a-t-elle? quel pays les Sarrasins habitaient-ils?

9. Quel jour les fidèles vont-ils à la messe? Nommez d'autres offices divins. Auquel des offices assistez-vous?

10. Quelles armes et quelle armure porte le soldat moderne?

11. Quels devoirs de soir avez-vous? que faut-il faire pour parler couramment le français? dans quel but apprend-on le français aujourd'hui et l'apprenait-on autrefois? comment réussit-on?

12. Récrivez à la moderne la citation p. 84, ll. 10–16; et commentez-la.

13. Quelles sont les bêtes de somme? qu'est-ce qu'un somme?

14. Quelle lecture préférez-vous? Sur quels sujets fait-on des conférences?

15. Ecrivez des phrases pour faire ressortir le sens de: le sol, le soleil; la tâche, la tache; le legs, le lait, le laid; la châsse, la chasse; la faute, le faux, la faux; la Gaule, la gaule; la veille, la vieille.

16. Trouvez deux acceptions: la somme; l'arrêt; le testament; l'esprit.

17. Synonymes: un acte de *mort*; une *attaque* de nerfs; *le goût* du travail; une *souffrance* profonde; on vous aime *partout*.

18. Employez dans des phrases les substantifs de: spirituel, papal, épiscopal, impie, fou, fautif; de: léguer, sillonner, empêcher, lire, emmancher, manquer, crier, abriter, appuyer.

19. En un seul mot: celui qui doute de ce qui n'est pas prouvé—qui s'élève contre Dieu—qui dit des mensonges.

20. Une autre tournure: vous *cachez inutilement* votre bon sens; vous êtes né *sous une heureuse planète*; il *s'agit* de vous complimenter.

21. Indiquez le contraire: un timbre *commun*; une toilette *étourdissante*; un écrivain *crédule*; une locution *fautive*; un professeur *spirituel*; une indulgence *vraie*; les mains *sales*; un esprit *casanier*; une *étoile fixe*.

22. Expliquez le proverbe: A beau mentir qui vient de loin.

(G.) 23. Temps primitifs: mettre, écrire, croire, croître, lancer, munir.

24. Part. passé: une faute (*commettre*); une copie (*récrire*). Adjectif verbal: un éclat (*étourdir*); l'astre (*naître*); la lune (*croître*); l'âme (*croire*); l'exercice (*manquer*); l'élève (*agacer*).

25. Au plus-que-parfait: on se *munit* de patience, on y *réussit*.

26. Mettez dans une phrase l'adverbe de: courant; coulant; élégant; notant.

27. Au pluriel: *mon ami* est *un grand voyageur, un zélé partisan*; voilà *un travail* de longue haleine, *un long ouvrage*.

24e EXERCICE: pages 85–90. 4e CONJUGAISON: SUBJONCTIF: FÉMININ.

(T.) 1. De quoi l'Anglais d'autrefois était-il muni lorsqu'il traversait la Manche? 2. Dans quel but Mandeville voyagea-t-il? Vit-il tout ce qu'il décrivit? 3. De quels désagréments Wey avertit-il les voyageurs? Etait-il un compagnon de voyage sympathique? 4. Comment le Sarrasin se montrait-il à l'égard des pèlerins en Terre Sainte?

(M.) 5. De quoi se munit-on contre la pluie? contre le froid?

6. Quelles gens sont toujours les bienvenus? Comment les accueille-t-on?

7. Où se trouve le port de Jaffa? à quel fruit donne-t-il son nom?

8. A quelle heure prenez-vous le petit déjeuner, le dîner, le souper?

9. Quel marchand vend des épices? quelle couleur le safran donne-t-il à un gâteau? que met-on dans une poivrière? dans une salière? dans un moutardier? dans une soupière?

10. Avec quelle bête R. L. Stevenson voyagea-t-il dans les Cévennes? quels livres de cet écrivain avez-vous lus?

11. Le cheval, la vache, c'est du gros bétail. Quel est le menu bétail? Pourquoi le détail de ce qui compose un repas s'appelle-t-il 'le menu'? Ecrivez le menu d'un dîner français.

12. A quoi sert un matelas? un matelot? une carte? une galère?

13. En un seul mot: celui qui cherche des aventures; qui est le maître de la maison; qui écrit des livres; qui pense toujours à soi; à qui on fait un legs.

14. Le contraire: les pertes sont *en décroissance*, les gains...; celui-ci est trop *défiant*, celui-là trop....

15. Synonyme: on tient toujours *du lieu* dont on vient; on me *dérobe* mon porte-monnaie, n'importe; *ce genre* ne me *convient* pas.

16. Faites des phrases pour distinguer entre: agrément—désagrément; quel que—quelque; dérober—déshabiller; avertir—annoncer.

17. Une autre tournure: il ne faut pas s'écarter *de la bonne voie*; on *se l'arrache*; passage *interdit*!

18. Adverbe: à la dérobée; avec économie; avec plaisir; à peu de frais.

19. Commentez le proverbe: Autant de têtes, autant d'avis.

(G.) 20. Temps primitifs: percer, juger, avertir, voir, vivre, dire.

21. Ecrivez les temps primitifs de (*a*) boire, (*b*) faire, et sous chacun la 2e personne du pluriel des temps dérivés.

22. Conjuguez le prés. de l'indic. de: menacer, corriger, avertir, redire.

23. Quels sont les verbes qui prennent *-tes* à la 2e plur. prés. indic.?

24. Au passé indéf.: elle s'y *plaît*, elle *voit* ses amis, elle les *accueille*, elle se *munit* de patience, elle *vit* de son travail.

25. A l'impératif: vous ne lui en *voulez* pas; vous *êtes* le bienvenu; vous le *savez*.

26. Pourquoi le subjonctif à la p. 88, l. 1 et à la p. 89, l. 9? Faites encore un exemple d'après chaque modèle.

27. Au féminin: le patron grec, le pèlerin turc, le voyageur européen.

Avant-dernier Exercice: pages 91–93. Partitif: 4e Conjugaison: Accord du Participe.

(T.) 1. Lequel des métiers exercés par les nomades vous sourit le plus?
2. De quelles façons l'État profita-t-il de l'activité de la race nomade?
3. Quel instrument de contrôle sur le pouvoir royal fut inventé au XIVe siècle? où l'a-t-on pris comme modèle?
4. Donnez des détails sur Saint Louis et Simon de Montfort.
(M.) 5. Quel sujet étudiez-vous avec le plus de plaisir? Savez-vous coudre? dessiner? Pouvez-vous parler français couramment?
6. Quelles sont les différentes façons de prêcher? Laquelle préférez-vous?
7. Pourquoi étiez-vous partisan du suffrage des femmes?
8. Quelle devise française aimez-vous le mieux? et quel proverbe français?
9. Copiez et expliquez une vingtaine des proverbes français qui se trouvent dans ces exercices.
10. Quand les tribunaux ne siègent-ils pas? où le Parlement siège-t-il?
11. Qu'est-ce qui rouille le fer? comment l'esprit se rouille-t-il?
12. De quoi vit la vache? le poisson? la plante? l'homme?
13. Selon quels saints sont les quatre Evangiles? Dans quel Testament se trouvent-ils? Lequel avez-vous étudié récemment?
14. Quel bouleversement dans notre histoire vous paraît le plus grand?
15. Dans le jardin qu'est-ce qu'on arrache? cueille? sème? butte? arrose? tond? émonde? épluche? sarcle? houe? passe au rouleau?
16. Que vend le colporteur? de quels outils le jardinier se sert-il?
17. Distinguez: le vice, la vis; le chagrin, le trouble; un office, un bureau; pendant, cependant; toutefois, toutes les fois; quoique, quoi que.
18. Le contraire: Que les chemins *tortus* deviennent...; une mode *banale* plaît plutôt que une mode...; *puissant* en paroles,...en œuvres.
19. En un seul mot: à partir du moment actuel; l'ensemble des plantes d'une région; une période d'une centaine d'années.
20. Employez dans des phrases les *substantifs* de: lier, léguer, jouer, siéger, changer, empêcher, dépêcher; et les *adjectifs* de: soleil, pluie, humidité, sécheresse, chaleur, froid, neige, vent.
21. Commentez les proverbes: A chacun son métier, les vaches seront bien gardées; On ne se jette pas dans l'eau de peur de la pluie.
(G.) 22. Temps primitifs: craindre, peindre, joindre, lire, luire, vaincre, rire, sourire, apprendre. Expliquez la consonne finale du part. passé: tradui*t*, di*t*, fai*t*, attein*t*, écri*t*, mi*s*, compri*s*.
23. Conjuguez le prés. indic. et le passé défini: relire, relier, rire, comprendre, éteindre, étendre, traduire, vivre, voir.
24. Au passé indéfini: vous vous *enrichissez*, je n'y *mets* pas d'empêchement; je *vise* à la perfection, je ne l'*atteins* point; vous *apprenez* la vérité et vous la *répandez*, j'en *réponds*.
25. Pourquoi l'accord du participe, p. 91, l. 8; p 92, l. 25? Trouvez-en encore deux exemples dans ce chapitre. Pourquoi le non-accord, p. 91, l. 1?
26. Remplacez par *beaucoup*: *bien de l'*amour, *bien des* joies; et expliquez le dicton: Encore de la haine, plus de joie.

DERNIER EXERCICE : pages 64–93. RÉSUMÉ.

M.) 1. Que guérit la panacée ? que soigne l'élève ? que déchiffre le professeur ? qu'apprête la cuisinière ? que cire la domestique ? que tire-t-on au puits ? que met-on dans une châsse ? que prend-on si l'on tousse ? sur quels modèles faut-il se régler ? quelle est la meilleure façon de prêcher ?

2. Qu'est-ce qui coule ? étourdit ? éblouit ? que manque-t-il à un païen ? à un voleur ? à un ermite ?

3. De quoi est muni le pèlerin ? le médecin ? l'élève en entrant dans la classe ? de quel appât le pêcheur se sert-il ? que veut-il attraper ? de quoi a-t-on des tresses ? des pains ? des bouquets ? de quoi le poussin sort-il en la brisant avec son bec ?

4. A quoi sert le foin ? la paille ? le plomb ? l'étain ? la cire ? la chandelle ? un anneau ? une carte géographique ? le pilier ? la hache ? le matelas ? le coquetier ? la poivrière ? que faut-il pour labourer la terre ? pour arracher les pommes de terre ? pour se laver ? pour recoudre un bouton ?

5. Quel marchand vend les épices ? la viande ? le fruit ? le poisson ? Comment un espion gagne-t-il sa vie ? un évêque ? un marin ? un serviteur ? un conférencier ? un foulon ? un colporteur ?

6. Par quel temps garde-t-on le foyer ? quelle est la fête du 1er novembre ? à quelle heure les offices du dimanche ont-ils lieu ? quel jour les Catholiques jeûnent-ils ? en quelle saison l'aubépine fleurit-elle ordinairement ? et celle de Glastonbury ?

7. Dans les environs de quelle ville d'Yorkshire cultive-t-on la réglisse ? Que fait-on de la racine de cette plante ? Dans quel pays est Jaffa ? Pour quel fruit est-il fameux ? Quel légume l'Espagne nous envoie-t-elle en quantité ? Quel est le pays d'origine du malvoisie ? A quel pays l'île de Chypre appartient-elle ? Que traverse l'Anglais en allant à l'étranger ?

8. Quels attraits la vie champêtre a-t-elle pour vous ? comment sont les fleurs de l'aubépine ? du safran ? de quelles fleurs peut-on garnir la classe en juin ? quelle feuille est l'emblème de l'Irlande ? qu'avait de particulier la verge d'Aaron ?

9. Dans quel but les dévots jeûnent-ils ? quand avez-vous fait votre début à l'école ? à quelle heure du matin êtes-vous debout ?

10. Quelle différence y a-t-il entre : la honte et la mauvaise honte ? Commentez le dicton de Fénélon : La mauvaise honte est le mal le plus dangereux.

11. Exprimez à l'aide d'une autre tournure: il faut *prendre le parti* des opprimés; on *garde la paupière sèche*; *il est question* de 'faire le feu droit'; *en vain vous apprenez* le grec; *vous avez beau raisonner* avec les bêtes; *tout manque* si l'intérêt manque; la parole *est le rets qui prend* les âmes.

12. Contraire: le prêtre *égoïste*; le matelot *facétieux*; de *menus* objets; un exercice *bien réussi*; la chandelle *éteinte*; quel visage *odieux*; c'est un enfant *gâté*; mon élève *joufflu*; la réponse *fautive*; voilà la voie *étroite*; le voyageur *scrupuleux* ne prend pas le *meilleur* âne; deux degrés *au-dessous* de zéro; *victorieux partout*.

13. Faites des phrases pour distinguer entre: le reste—le repos; la galère—la galerie; le louage—la louange; la manche—la manchette; le goût—la goutte; le pèlerin de circonstance et par état.

14. Nommez quelque chose qui est pour la couleur: sel et poivre; fraise écrasée; café au lait; safran; paille; vert bouteille.

15. Faites vos réflexions sur le genre de: aubépine, image, testament, croissant, foyer, recrue, personne, ange, sceau, soirée, ceinture, bonheur, village.

16. Faites une liste—français et anglais—des substantifs de: guérir, bénir; pécher; gêner, attendre; soigner, puiser, léguer; peindre; miroiter; aimer, haïr; tousser; réussir.

17. Exprimez en un seul mot: celui qui pèche—qui fait la révolte—qui aime trop manger—qui ne dit pas la vérité—qui rédige un journal—qui travaille volontiers—qui travaille peu.

(G.) 18. Participe passé: un partisan (*convaincre*); (*coudre*) d'or; une chose (*vivre*); une feuille (*mourir*); un enfant bien (*naître*); adjectif verbal: une blessure (*cuire*); la confiance (*croître*); l'armée (*conquérir*); un souvenir (*éblouir*); les jours (*raccourcir*).

19. Faites des phrases avec: résister, plaire, changer, échanger, munir, obéir, emprunter, renchérir, tout en faisant ressortir la préposition qui suit chacun de ces verbes.

20. Faites des phrases en y intercalant les adverbes dérivés de: savant, machinal, courant, profond, joli, différent, plaisant, irrévérencieux.

21. Faites précéder de: (*a*) *bien que*, (*b*) intercalez: *quelque...que*: Nous avons voyagé lentement, nous sommes arrivés à bon port.

22. A l'imparfait: le vent ne *mollit* pas, le soir *se refroidit*, mais l'oisiveté me *pèse*, je *ménage* le temps, et j'*atteins* le but—on *repète* cette parole doucement, on s'en *berce*.

23. A l'impératif: le bon *est* toujours camarade du beau; vous *avez* confiance dans l'amour; nous ne *lassons* pas de vouloir et de vivre.

MORCEAUX CHOISIS
À TRADUIRE OU À REPRODUIRE

Les numéros correspondent à ceux des exercices

I. CHAUCER'S DOCTOR. With us there was a Doctor of physic;
In all this world (nor) was there none him like
To speak of physic and of surgery...
He knew the cause of each and every malady,
Were it of hot, or cold, or moist, or dry,
And where they engendered and of what humour.
He was a very perfect practitioner.
The cause known and of his harm the root,
At once he gave the poor sick man his boot (= remedy)...
Of his diet measurable was he,
For it was of no superfluity,
But of great nourishing and digestible.
His study was but little of the Bible...
And yet he was but easy of dispence (= expenditure).
He kept that he won in pestilence.
For gold in physic is a cordial,
Therefore he loved gold in special.

II. MEDIAEVAL FAIRS. The great highways, maintained in passable order by the grumbling freemen of the shires through which they ran, saw a continual going and coming of merchants and packmen. Thousands resorted to the great country fairs held annually at Stourbridge, Yarmouth, Boston, Winchester, St Ives and many another town. The stalls of the sellers covered many acres; here the farmer could buy almost everything that was needed to supplement the produce of his own estate; wine from Gascony, or the Rhineland, or Lorraine, fine cloths from Italy or Flanders, salt fish and tar from Norway or the Baltic, skins from Ireland, pepper, spices, silks and precious stuffs from the far East. Each shire looked to the nearest ports for foreign produce; in each shire one or more fairs served as the centres of distribution. H. W. C. DAVIS: *England under the Normans and Angevins*. (Methuen.)

III. CHAUCER'S TALE OF SIR THOPAS.
'No more of this, for Goddes dignity,'
Quoth our Host, 'for thou makest me
So weary of thy tedious stupidity,
My ears are aching of thy worthless speech.
Now such a rhyme the devil I biteche! (=commit to)
This may well be rhyme doggerel,' quoth he.

'Why so?' quoth I; 'why wilt thou forbid me
More of my tale than another man,
Since that it is the best rhyme that I can?'
'By God,' quoth he, 'now plainly, stop thy din,
Thy empty rhyming is not worth a pin.
Thou doest naught else but wastest time;
Sir, in one word, thou shalt no longer rhyme.'

IV. Richard II. He was a lad of spirit, as he had shown when he faced the rebels at Smithfield, and was by no means content to accept the subordinate position which sovereignty had assumed during the latter days of his grandfather. Unfortunately he expended much of his energy in ungovernable fits of temper, in which he would throw his hood or his boots out of the window and behave in every respect like a maniac. His impetuous nature found one healthy outlet in the love he bore his wife, the gracious girl to whom Chaucer dedicated his 'Legend of Good Women.' He seldom or never allowed her to leave his side, and after serving her faithfully in life, so deeply mourned her death that he refused to revisit the manor of Sheen where she died. Despite this, his enemies accused him, apparently quite gratuitously, of the grossest immorality, and declared, with more plausibility, that he was a carpet knight, who would impulsively swear to take action, and then delegate the hard work to others.

K. H. Vickers: *England in the Later Middle Ages.* (Methuen.)

V. John Ball, unlike Wycliffe, seems to have been of the people, and to have addressed himself in the main to social problems. He was a priest who, during the years that intervened between the Black Death and the Peasant Revolt, spent much of his time wandering through the South of England, preaching in the churchyards and by roadsides the doctrines that five hundred years later were revived under the title of Christian Socialism. The pith of his teaching is comprised in the oft-quoted sentences, 'The lords have pleasure and fine houses; we peasants have pain and labour, the wind and the rain in the fields; and yet it is of us and our toil that these men hold their state.' He taught, in fact, that the fruits of labour belonged to the labourer, and looked to the blotting out of the manorial lords, and the lawyers and other classes that depended upon them.

M. Fordham: *History of English Rural Life.*
(George Allen and Unwin.)

VI. Mediaeval Merrymakings. Men who had fed on salt meat for three or four months, while even the narrow choice of autumn vegetables had long failed almost altogether, and a few shrivelled apples were alone left of last year's fruit—in that position, men watched the first green buds with the eagerness of a convalescent; and the riot out of doors was proportionate to the constraint of home life. Fénelon broke with a tradition of at least four centuries when he protested against the repression of country dances in the so-called interests of religion. 'Sir priest, let us not dance; but let us permit the poor to dance. Why prevent them from forgetting for a moment that they are unfortunate?' It would be difficult to find a single great preacher or moralist of the later Middle Ages who has a frank word to say in favour of popular dances and similar public merrymakings.

G. G. COULTON: *Chaucer and his England.* (Methuen.)

VII. ROBIN HOOD. To the fourteenth and fifteenth centuries belongs the figure of Robin Hood the outlaw, who was known to the writers of *Piers Plowman* in the middle of the fourteenth century and stories of whose deeds were first printed by Wynkyn de Worde at the close of the fifteenth century, in the *Lytell Geste*; and with a reference to him this brief summary of 'rank and file' literature must close. He is the typical hero of English medieval popular romance, 'open-handed, brave, merciful, given to archery and venery, good-humoured, jocular, loyal, woman-protecting, priestcraft-hating, Mary-loving, God-fearing, somewhat rough withal, caring little for the refinements of life, and fond of a fight above all things.' In this combination of qualities we may fitly see that blending of Norman and Englishman, which helped to make the England of the ages of faith a 'merrie England.' Akin in many ways to Hereward the Englishman and Fulk Fitz-Warin the Norman, he represents, in the ballads that grew up around his name, the spirit of revolt against lordly tyranny, and he stands for the free open life of the greenwood and oppressed folk. The ruling classes had their Arthur and his knights, their 'romances of prys,' the placid dream-world in which moved the abstractions of Stephen Hawes and the bloodless creatures of the 'court-poetry.' The people had their songs by the way-side, their ballads born of communal dance and their more or less pagan festivals, at which sons of the soil, maidens and apprentices who had been bidden to

'Suffer maister and maistresse paciently
And doo their biddyng obediently
....
Serve atte the tabille manerly'

could, for a while, escape from these duties and enter into a life of their own. A. R. WALLER: *Cambridge History of English Literature.*

VIII. IN THE DAYS OF THE BLACK DEATH. Walter Wyninge had a wise woman for his wife, and her name was Matilda. The Black Death left her a widow, but she was speedily married without any licence from the lord to William Oberward. The second husband had a very brief enjoyment of his married life; in a few days he too died and Matilda married a third husband, one Peter the carpenter. At this time Matilda's turn came and she died. All this had happened in the interval of two months since the last manor court was held. The steward of the manor claimed a heriot from Wyninge's land and another from Oberward's. But the astute Peter was equal to the occasion: he pleaded that, according to the custom of the manor, no heriot could be levied from a widow till she had survived her husband a year and a day. I suspect he knew his business, and no heriot came to that grasping steward. Who pities him?

REV. A. JESSOPP, D.D.: *Coming of the Friars.* (T. Fisher Unwin.)

IX. THE PEASANTS' REVOLT. No one can be sorry that the Rising was put down. Though, as a protest, it was perhaps useful, as a revolution it could only have led to anarchy. On the other hand it would be rash to regret that it took place. The Revolt was a sign of national energy, it was a sign of independence and self-respect in the mediaeval peasants, from whom three-quarters of our race, of all classes and in every continent, are descended. This independent spirit was not lacking in France in the fourteenth century, but it died out by the end of the Hundred Years' War; stupid resignation then took hold of burghers and peasantry alike, from the days when Machiavelli observed their torpor, down to the eve of the Revolution. The *ancien régime* was permitted to grow up. But in England there has been a continuous spirit of resistance and independence, so that wherever our countrymen or our kinsmen have gone, they have taken with them the undying tradition of the best and surest freedom, which 'slowly broadens down from precedent to precedent.'

G. M. TREVELYAN: *England in the Age of Wycliffe.* (Longmans.)

X. MEDIAEVAL SHOWS. These shows were either stories from the Bible—Mysteries; or Miracles—stories from the lives of Saints; or Moralities—plays made to show the difficulties and temptations that man has to meet in going through the world. In a morality there might be a representation of Man—Everyman as he is called in a famous morality; actors would represent Virtue and Vice, or all the virtues and all the deadly sins, contesting for his soul; there would be a model of Hell, with fire and smoke, and dancing devils. God Himself might appear, clothed in the vestments of a bishop; for there was little sense of reverence or seemliness in these plays. In one of the mysteries Noah and his wife had a lively battle of words and even of blows before the good lady could be persuaded to enter the ark. The shepherds in a mystery that gave the story of the birth of Christ were engaged in searching for a stolen sheep, which one of their comrades had hidden in his wife's bed, when the angels appeared with their glad tidings. Piety was mixed with rough joking and horseplay.

STANLEY LEATHES, C.B.: *The People in the Making.* (Heinemann.)

XI. THE BLACK FRIARS of Dominic, the Grey Friars of Francis, were received with the same delight. As the older orders had chosen the country, the Friars chose the town. They had hardly landed at

Dover before they made straight for London and Oxford. In their ignorance of the road the two first Grey Brothers lost their way in the woods between Oxford and Baldon, and, fearful of night and the floods, turned aside to a grange of the monks of Abingdon. Their ragged clothes and foreign gestures, as they prayed for hospitality, led the porter to take them for jongleurs, the jesters and jugglers of the day, and the news of this break in the monotony of their lives brought prior, sacrist, and cellarer to the door to welcome them and witness their tricks. The disappointment was too much for the temper of the monks, and the brothers were kicked roughly from the gate to find their lodging under a tree. But the welcome of the townsmen made up everywhere for the ill-will and opposition of both clergy and monks.

JOHN RICHARD GREEN: *A Short History of the English People.*
(Macmillan and Co.)

XII. THE LIFE OF FRANCIS falls like a stream of tender light across the darkness of the time. In the frescoes of Giotto or the verse of Dante we see him take Poverty for his bride. He strips himself of all, he flings his very clothes at his father's feet, that he may be one with Nature and God. His passionate verse claims the moon for his sister and the sun for his brother, he calls on his brother the Wind, and his sister the Water. His last faint cry was a "Welcome, Sister Death!" Strangely as the two men (Francis and Dominic) differed from each other, their aim was the same, to convert the heathen, to extirpate heresy, to reconcile knowledge with orthodoxy, to carry the Gospel to the poor. The work was to be done by the entire reversal of the older monasticism, by seeking personal salvation in effort for the salvation of their fellow-men, by exchanging the solitary of the cloister for the preacher, the monk for the friar.

JOHN RICHARD GREEN: *A Short History of the English People.*

XIII. OF THE EDUCATION OF CHILDREN. Come upon the children, in the school-house during lessons, and you hear nothing but whipping and brawling, both of children tormented and masters besotted with anger and chafing. How wide are they which go about to allure a child's mind to go to his book, when he is yet but tender and fearful, with a stern and frowning countenance, and with hands full of rods! O wicked and pernicious manner of teaching! This imperious kind of authority, namely, this way of punishing children, draws many dangerous inconveniences within. How much more decent were it to see their school-houses and forms strewed with green boughs and flowers than with bloody birchen twigs! If it lay in me, I would do as the philosopher Speusippus did, who caused the pictures of Gladness and Joy, of Flora and of the Graces to be set up round about his school-house. Where their profit lieth, there should also be their recreation.

MICHAEL, LORD OF MONTAIGNE (*translated by John Florio*).

XIV. A Six Hours' Day. For seeing they bestow but six hours in work, perchance you may think that the lack of some necessary things hereof may ensue. But this is nothing so. For that small time is not only enough, but also too much for the store and abundance of all things that be requisite, either for the necessity or commodity of life. The which thing you also shall perceive, if you weigh and consider with yourselves how great a part of the people in other countries liveth idle. First, almost all women, which be the half of the whole number: or else if the women be somewhere occupied, there most commonly in their stead the men be idle. Besides this, how great and how idle a company is there of priests and religious men, as they call them? Put thereto all rich men, especially all landed men, which commonly be called gentlemen, and noblemen. Take unto this number also their servants: I mean all that flock of stout bragging rush-bucklers (=bullies, blusterers). Join to them also sturdy and valiant beggars, cloaking their idle life under the colour of some disease or sickness, and truly you shall find them much fewer than you thought, by whose labour all these things are wrought, that in men's affairs are now daily used and frequented. Now consider with yourself, of those few that do work, how few be occupied in necessary works. For where money beareth all the swing (=is lord of all), there many vain and superfluous occupations must needs be used, to serve only for riotous superfluity and unhonest pleasure.

Sir Thomas More: *Utopia.*

XV. The Villein (*c.* 1200). A curious account of a villein's possessions is given by Alexander Neckham in that amusing treatise *De Utensilibus* written with the object of teaching the names of common objects in Latin and French. He describes the carter dressed in his cowl, with his 'capucium' trimmed with *gris*, a common sort of fur; and his sleeved 'frog' which left his hands free; and his hose to protect him from mud. His villein is depicted as having all the equipment of a fisherman, a cheesemaker, a poultry-keeper and brewer; all the tools of a farm labourer, all kinds of sticks and hedging materials, and woodcutter's tools; he is aware of the value of his beast's manure; he has stabling and, if fortune smiles, an ass and a mule. Of course his plough and its parts are described and then the kinds of soil it may have to drive through. Neckham teaches the necessity of manuring and marling and of twice ploughing the fallows.

M. Bateson: *Mediaeval England.* (T. Fisher Unwin.)

XVI. Progress in the Villages. The people who lived in this village six hundred years ago were living a life hugely below the level of yours. They were more wretched in their poverty, they were incomparably less prosperous in their prosperity, they were worse clad, worse fed, worse housed, worse taught, worse tended, worse governed; they were sufferers from loathsome diseases which you knew nothing of;

the very beasts of the field were dwarfed and stunted in their growth, and I do not believe there were any giants in the earth in those days. The death-rate among the children must have been tremendous. The disregard of human life was so callous that we can hardly conceive it. There was everything to harden, nothing to soften; everywhere oppression, greed, and fierceness. Judged by our modern standards, the people of our village were beyond all doubt coarser, more brutal, and more wicked than they are. Progress is slow, but there has been progress. REV. A. JESSOPP, D.D.: *Coming of the Friars.*

XVII. MOLIÈRE is so great that every time one reads him again one is filled with astonishment. I read a few of his plays every year, just as I examine from time to time engravings of the old Italian masters, for we little people are incapable of conceiving things so great. We must go back continually to the source to refresh our sight and our memory. J. W. GOETHE: *Conversations with Eckermann.*

Every time that we suffer too much from hypocrisy, moral, political or worldly, from scientific charlatanism, from vanity, selfishness, greed, or stupidity, every time that it seems necessary to combat them anew with the laughter of reason, it is to Molière that we go to take up our arms again and to sharpen them.

G. LAFENESTRE: *Molière.* (Hachette.)

XVIII. THIRTEENTH CENTURY FRENCH. A great French lawyer, who knew England, made something of a new departure in romance-writing when he chose to enrich his story with the ridiculous blunders made by the English nobility and their men in talking a kind of pigeon-French. Writing probably not before 1274, he makes the Earl of Gloucester's men mix their genders and talk bad grammar so as to alter the sense. The earl calls the heroine 'mon douce amie' and converts his 'belle pucelle' into a 'bel pourcel' (pig). There is a touch of exaggeration here no doubt, but in countless little details the story tells the literal truth. The tale of the love of the French esquire, Jehan, and his English wife, Blonde, daughter of the Earl of Oxford, is beautiful, and the delicate treatment of the theme does honour to the writer, whose circle of readers would learn nothing but good from him.

The last half of the thirteenth century is a time that may rank high in the history of English morals. Simon de Montfort, the 'flower of all chivalry,' and Edward I, on whose grave was written the simple motto 'pactum serva,' held up to men a high ideal. They were alike in faults and virtues, and in some sense their faults and virtues typify their age. Excessive violence in temper was in both a fault, but we must set against it an unbounded resourcefulness and capacity for thought.

M. BATESON: *Mediaeval England.*

XIX. MEDIAEVAL PILGRIMAGES. The fullers of Lincoln, who founded their gild in 1297, combined with trade rules on the processes of the craft and on the hours of labour, rules for a light before the Holy Cross, and church processions, and a clause on pilgrimages to St Peter and St Paul; if the pilgrims' start was made on a festival day all brethren and sisters went to the Eleanor Cross and gave them a halfpenny each. The palmers of Ludlow, twenty-seven men, founded their gild in 1284, with three chaplains, one to celebrate for the dead, one for the living and one for the honour of the Holy Cross. The assurance to members of help in trouble was in this case a first motive; dowries were provided for good girls of the gild, or means to enter a nunnery; members (men only) might attend wakes, but were forbidden to wear masks or to masquerade during the death watch.

M. BATESON: *Mediaeval England.*

XX. THE SEVENTEENTH CENTURY PILGRIMS. They went then, till they came to the Delectable Mountains, which Mountains belong to the Lord of that Hill of which we have spoken before; so they went up to the Mountains, to behold the Gardens and Orchards, the Vineyards, and Fountains of water; where also they drank, and washed themselves, and did freely eat of the Vineyards. Now there were on the tops of these Mountains, Shepherds feeding their flocks, and they stood by the high-way side. The Pilgrims therefore went to them, and leaning upon their staves (as is common with weary Pilgrims, when they stand to talk with any by the way), they asked, Whose delectable Mountains are these? and whose be the sheep that feed upon them? The Shepherd replied, These Mountains are Emanuel's Land, and they are within sight of his City, and the sheep also are his, and he laid down his life for them.

JOHN BUNYAN: *The Pilgrim's Progress.*

XXI. THE MEDIAEVAL TOWN. Let us try to make a picture in our minds of an old and prosperous city. Let us come to it on a saint's day, when all are making holiday. The city stands clear in the sunlight; there is no coal-smoke. The towers of the walls and gate-ways, the spires of the churches, the gables of the more important houses, the great dungeon keep of the castle, appear all huddled together against the sky, giving a notion of wealth and strength and beauty that few modern towns can give. Outside the walls in the meadows the young men are playing games or practising the bow. Before the walls there may be a monastery with its fine chapel and all its ranges of buildings, perhaps not far off a poorer chapel and dwelling for the friars. If we pass through the gate we find that all is not so beautiful within. There are some good streets with gabled houses in two or more storeys; but even these streets are narrow, and the houses overhang so as to shut out the light. There are several quarters of miserable hovels of one or at most two rooms. There is very little clear space except the market-place. There are no laws against overcrowding. The streets are very dirty and the pavement, such as it is, is full of holes.

STANLEY LEATHES, C.B.: *The People in the Making.*

XXII. A FIFTEENTH CENTURY WIFE. My mother and I were very anxious, right worshipful husband, from the time we knew of your sickness till we heard that you were getting better. My mother has promised another image of wax of your weight to our Lady of Walsingham and she has sent money to the four orders of friars at Norwich to pray for you, and I have promised to go on pilgrimage to Walsingham to pray for you. If I had done what I wanted, I should have seen you a long time ago. I wish you were at home and well; I would liefer this than a new gown, even if it were of scarlet. I have not time to write half a quarter as much as I should say if I might speak with you. I pray that you be well fed with meat and drink for that is the greatest help to your health. Be so good as to remember my girdle and write at the same time. Written at Oxenede, in right great haste, on St Michael's Eve, 1443.

MARGARET PASTON: *Paston Letters.*

XXIII. HOW WE OUGHT TO TRAVEL. If you will have a young man to put his travel into a little room, and in short time to gather much, this you must do: first as was said, he must have some entrance into the language before he goeth; then he must have such a servant or tutor as knoweth the country, as was likewise said; let him carry with him also some book describing the country where he travelleth, which will be a good key to his inquiry; let him keep also a diary; let him not stay long in one city, more or less as the place deserveth, but not long; nay, when he stayeth in one city, let him change his lodging from one end of the town to another, which is a great adamant of acquaintance (= means of making acquaintances), let him separate himself from the company of his countrymen, and diet in such places where there is good company of the nation where he travelleth; let him, upon his removes from one place to another, procure recommendation to some person of quality residing in the place whither he removeth; thus he may abridge his travel with much profit.

BACON: *Essays or Counsels, Civil and Moral.*

XXIV. JEAN DE BOURGOGNE IN EGYPT. In this country there are gardens where grow herbs and trees which bear fruit seven times in the year. Fruit therefore is very cheap. When it rains in summer in the land of Egypt, the whole country is full of great marshes. At Cairo men and women of other nations are commonly sold as we sell beasts in the market. There is a common house in that city which is full of small ovens and thither the women bring eggs of hens, geese and ducks to be put in the ovens. They who keep the house cover the ovens with horse-dung to heat them, without hen, goose, duck or any other bird, and at the end of three or four weeks, the women come again and find their chickens. They feed them and take them away so that the whole country abounds in them. This they do in winter and summer. In Egypt, and also in other countries, one sees fine apples for sale, called apples of Paradise, right sweet and of good savour; and, though you cut them in ever so many gobbets or pieces, crosswise or endwise, you shall always find the figure of the holy cross of our Lord Jesu. But they rot within eight days and for that reason they are not carried into far countries.

JEAN DE BOURGOGNE. (*After the translation of* 1725.)

XXV. ENGLAND IN 1847. Alfieri thought Italy and England the only countries worth living in; the former because there Nature vindicates her rights and triumphs over the evils inflicted by the governments; the latter because art conquers nature and transforms a rude, ungenial land into a paradise of comfort and plenty. England is a garden. Under an ash-coloured sky, the fields have been combed and rolled till they appear to have been finished with a pencil instead of a plough. The solidity of the structures that compose the towns speaks the industry of ages. Nothing is left as it was made. Rivers, hills, valleys, the sea itself, feel the hand of a master. The long habitation of a powerful and ingenious race has turned every rood of land to its best use, has found all the capabilities, the arable soil, the quarriable rock, the highways, the byways, the fords, the navigable waters; and the new arts of intercourse meet you everywhere; so that England is a huge phalanstery, where all that man wants is provided within the precinct.

R. W. EMERSON: *English Traits*.

XXVI. SIMON DE MONTFORT. But the truth is, that he had been the especial friend of those who were powerless to help their friends. It is his chief glory to have inspired the hope that he could end or mend the secular miseries and oppressions of the lower orders. Trust of this kind does not come unmerited. The people are no bad judges of sincerity. It is the enthusiast who inspires them with enthusiasm; whatever else he may be, their man of destiny is at least a man of faith. Faith and the love of justice are qualities which the Earl possessed in no ordinary degree. He saw how, in the long chain of cause and effect, the frivolity and vices of the court brought misery on common men; the knowledge consumed him with a generous indignation and he believed that he could right the wrong. Because he believed, he was believed. We smile at the simplicity of the believers. We no longer hope that any individual, however heroic, will make all things new. We know that Montfort deceived himself and others. But if men had never promised more than it was possible they should perform, society would be the poorer; for the achieved reform is the child of the unachieved ideal.

H. W. C. DAVIS: *England under the Normans and Angevins*.

LEXIQUE

abaisser, to lower; s'abaisser = to degenerate
abattre, to beat down, blow down
un **abbé**, an abbot, priest
l'**abnégation**, *f.* self-sacrifice
abonder, to abound
un **abrégé**, an abridgment, summary
un **abri**, a shelter
abriter, to shelter, protect
absoudre, to absolve
s'**abstenir** de, to refrain from
accaparer, to take possession of, monopolise
un **accès**, access, fit
d'**accord**, *m.* in agreement
accouru (accourir), hastening up
accoutumer, to accustom
accroupi, squatting
s'**acharner à**, to apply oneself desperately to
acheter, to buy
achever, to achieve, conclude
un **acte** de dernière volonté, a will
actuellement, at the present time, at that time
admis (admettre), admitted
adont = donc, then
adopter, to adopt, take up
aërien, airy
s'**affaiblir**, to be enfeebled, impaired
avoir **affaire** *f.* avec, to have to do with
affectionner, to have a liking for
afficher, to stick bills
affiler, to sharpen, give an edge to
s'**affirmer**, to be expressed, asserted
affolé, infatuated, gone mad
agir, to act; il s'agit de = it is a matter of
s'**agiter**, to bestir oneself
un **agrément**, charm, approval
un **aïeul**, an ancestor
aigu, sharp, shrill
une **aiguille**, a needle
un **aiguillon**, a goad, sting
une **aile**, a wing
ailé, winged
ailleurs, elsewhere; d'ailleurs = moreover, besides
ainsi, so, thus
un **ais**, a plank
à son **aise**, *f.* at one's ease, as one likes
aisément, easily, conveniently
ajouter, to add
un **alambic**, an alembic, still
un **alchimiste**, an alchemist
aligner, to put in line, range
une **allée**, an alley, going
allègre, sprightly, gay
s'en **aller,** to go away
allumer, to light
une **allure**, pace, manner, pattern
alors, then, at that time
altre = autre, other
un **amant**, a lover
amasser, to gather, collect
ambulant, wandering, strolling, itinerant
une **âme**, a soul
amener, to bring
amer, bitter
un **ami**, a friend, lover
amoindrir, to lessen, reduce
un **amour**, a love

amoureux, amorous, loving
une **ampoule**, a blister, phial
un **anachorète**, an anchorite, hermit
un **âne**, a donkey
un **ange**, an angel
Angleterre, *f.* England
s'**animer**, to get animated
un **anneau**, a ring
s'**apercevoir**, to observe
un **aperçu**, an outline
un **apôtre**, an apostle
un **appareil**, an apparatus
une **apparition**, an appearance
appartenir à, to belong to
un **appât**, a bait, attraction
appeler, to name, appeal, call forth
appliquer, to exercise
apporter, to bring
apprendre, to learn, teach, train; appris = learnt
s'**approcher** de, to make one's way to
approprié, appropriate, suitable
un **appui**, a support
après, after; d'après nature = according to nature
une **araignée**, a spider
un **archet**, a bow
un **archevêque**, an archbishop
l'**argent**, *m.* silver, money
une **arme**, a weapon
une **armoire**, a cupboard
l'**armure**, *f.* armour
arracher, to tear off, tear away, extort, pull down
un **arrêt**, a decree
arrêter, to arrest, check, stem, keep
en **arrière**, backwards
un **asile**, a place of refuge
asperger, to sprinkle
assaisonner, to season
c'est **assavoir** = c'est **à** savoir, to wit
s'**asseoir**, to sit down
l'**assimilation**, *f.* resemblance
assimiler à, to group with; s'assimiler de = to agree in
assister à, to be present at; assister = to aid
un **associé**, an associate, companion; allied
un **astre**, a star
un point d'**attache**, *f.* a permanent home, resting place
s'**attarder à**, to delay over
atteindre, to attain, reach, be directed against
attendre, to wait for; s'attendre **à** = to expect; en attendant = meantime
une **attente**, expectation, waiting
attirer, to attract
un **attouchement**, touch, contact
un **attrait**, an attraction
attrouper, to collect; s'attrouper = to gather round
une **aubépine**, a hawthorn
une **auberge**, an inn
un **aubergiste**, an innkeeper
aucun, any; aucun...ne = no
l'**audace**, *f.* audacity, boldness
au-dessus de, above
un **auditeur**, a hearer
augmenter, to increase
l'**aumône**, *f.* alms
auparavant, beforehand, formerly
aussitôt, immediately
autant, as much, as many
un **autel**, an altar
un **auteur**, an author
l'**authenticité**, *f.* genuineness
un **automate**, an automaton
s'**autoriser** de, to rely on
autrefois, formerly, in other times
autrement, otherwise, in other ways
avaler, to swallow
d'**avance**, beforehand, in advance
avant, before; en avant = forward
avantageusement, advantageously, profitably
une **aventure**, an adventure; à l'aventure = at random; par aventure = peradventure
s'**aventurer**, to venture
avertir, to warn, inform
aveugle, blind
avide, greedy
s'**avilir**, to grow degraded
un **avis**, a warning, notice
s'**aviser**, to take into one's head, consider

un **avocat**, a barrister, counsel
avouer, to avow, admit

bafouer, to mock
bai-brun, chestnut
le **bailli**, bailiff
baiser, to kiss
la **balance**, pair of scales
se **balancer**, to swing
bannir, to banish
le **baptême**, baptism
le **barbier**, barber
le **barreau**, bar
bas, base, low
la **basse-cour**, poultry-yard
le **batailleur**, fighting man, swashbuckler
le **bâton**, stick, staff
bavarder, to babble, chatter
béant, gaping
avoir **beau** se multiplier, to multiply in vain
bêcher, to dig
belliqueux, bellicose, warlike
le **bénéfice**, profit
bénir, to bless; eau bénite = holy-water
le **bénitier**, holy-water stoup, basin
la **besace**, wallet
la **besogne**, task, work
le **besoin**, need
la **bête**, beast; bête = beastly, stupid
le **bey**, bey, governor
biaultée = la beauté, beauty
la **bibliothèque**, library
le **bien**, good, goods, godliness; bien des = many; bien que = although
bienfaisant, beneficent
le **bienfait**, benefit
bientôt, soon
le **bienvenu**, (the) welcome (one)
la **bière**, beer
année **bissextile**, leap-year
bizarre, odd, strange
se **blaser** sur, to grow sophisticated about, contemptuous about
le **blé**, corn
blessé d'entendement, wounded in understanding, weak in the head
le **bœuf**, ox
Bohémien, Bohemian, gipsy
la **boîte**, box
le **bon**, draft, bond
la **bordure**, edge
la **borne**, bourn, limit, boundary
se **borner à**, to limit oneself to
la **bouche**, mouth
boudeur, sulky
la **bouffée**, puff, gust
le **bouffon**, la bouffonne, buffoon, jester
bouleverser, to upset, revolutionise
la **bourgade**, village
la **bourgeoisie**, middle class
la **bourse**, money-bag, purse
bousculer, to hustle, jostle
le **bout**, end
la **bouteille**, bottle
la **boutique**, shop, stall
le **braconnier**, poacher
Bradamante, Amazon of the irresistible spear, Spenser's 'Britomart'
branler, to shake
le **bras**, arm; les bras = arms, 'hands,' labour
bref, brief, in short
la **Bretagne**, Britain, Brittany
le **brevet**, licence
le **breviaire**, breviary, service-book
briller, to shine; brillant = bright
briser, to break
le **broc**, jug
la **broche**, brooch
broyer, to pound
bruissant, rustling
le **bruit**, noise, clang
brûler, to burn
brun, brown
brusquement, suddenly
le **bûcher**, woodstack, stake
le **buisson**, bush
la **bulle**, 'bulle,' seal
le **but**, destination, object
le **butin**, booty

la **cabane**, hovel
le **cabaret**, ale-house
le **cachot**, cell
le **cadavre**, corpse
le **cadeau**, gift
cadencé, rhythmic

le **calvaire**, Calvary
Cambynskan, prince of Cambulac in Tartary. Chaucer began but left 'half told The story of Cambuscan bold'
la **campagne**, country(-side), country district
la **canaille**, rabble
le **canard**, duck
cantabit, etc., p. 42, l. 27, the empty-handed traveller will sing in the highwayman's face
capitalis dominus, chief lord
la **caravane**, caravan, travelling party
le **carillon**, peal, chimes
le **carrefour**, crossroads
la **carrière**, career, course
la **carte** (géographique), map
la **cassette**, casket
le **cataplasme**, poultice
cecidit, etc., p. 28, l. 28, he has fallen into the pit which he has made
céder, to yield, give way
la **ceinture**, belt, girdle
célèbre, celebrated
céleste, celestial, heavenly
le **cellier**, store-closet
la **cellule**, cell
la **Cène**, the (last) Supper
la **centaine**, hundred
cependant, however
les **ceps**, *m.* = le pilori, stocks
certes, certainly, truly
certifier, to certify
le **cerveau**, brain, head
sans **cesse**, *f.* without ceasing
la **chair**, flesh
la **chaire**, pulpit
la **chaise**, chair
le **champ**, field
le **chancelier**, chancellor
la **chancellerie**, chancery, chancellor's office
le **changement**, change
changer de, to change
la **chanson**, chant, song
chansonner, to make songs about
chanter, to sing; chanter à l'oreille = to please the ear
la **chape**, cape
le **chaperon**, hood, chaperon
le **chapitre**, chapter, cathedral clergy, 'matter'
chaque, each, every
le **charbon**, coal
le **charlatan**, charlatan, quack
Charles, Charlemagne, crowned Emperor 800 A.D.
la **chasse**, chase, hunting
la **châsse**, shrine
le **château**, castle
châtier, to chastise, punish
chauffer, to warm
la **chaumière**, (thatched) cottage
la **chauve-souris**, bat
le **chef**, chief, head; le chef-d'œuvre = masterpiece
les grands **chemins**, high-roads; le chemin de fer = railway
cher, dear
le **chevalier**, knight
le **chevet**, head (of bed), apse; le livre de chevet = bedside book
les **cheveux**, *m.* hair
le **chien**, dog
le **chiffre**, cipher, figure, mark, monogram
le **chirurgien**, surgeon
le **chœur**, choir
le **chômage**, cessation of work
choquer, to shock
chrétien, Christian
Chypre, *f.* Cyprus
le **ciel**, heaven
la **cigale**, grasshopper, cricket
le **cimetière**, cemetery
de **circonstance**, *f.* incidental, special, suited to the occasion
la **cire**, wax
cirer, to polish, black
ciseler, to chisel, carve
la **cité**, city
Cîteaux, original home of Cistercian monks, dep. Côte-d'Or
citer, to cite, quote, summon
clair, clear, obvious, large
la **clairvoyance**, clearsightedness, sagacity
la **clef**, key
le **clerc**, clerk, cleric, priest

Clermont-Ferrand (Puy-de-Dôme), famous for its cathedral and for its *conciles*
clisteria = les clystères, clysters, injections
la **cloche**, bell
le **cloître**, cloister
coda = la queue, tail
le **cœur**, heart
le **coffret**, coffer
la **cognée**, hatchet
la **colacion** = la collation, examination
la **collecte**, collection
collum = cou, neck
la **colonne**, column
colporter, to hawk
le **colporteur**, pedlar, hawker
combattre, to fight
combien, how, how much, how many
le **comble**, height, summit, finishing touch, last straw
combler la mesure, to crown all
le **commerce**, trade, traffic, intercourse
la **commère** voyageuse, the travelled gossip (the Wife of Bath)
commis (commettre), committed
commuer, commute
la **commune**, parish; Chambre des Communes = House of Commons
comparaître, to appear
compatissant, compassionate
se **complaire** en (ou dans), to take pleasure in
la **complaisance**, complacency, graciousness, pleasure
complexe, complicated
le **complice**, accomplice
Compostella, city of Spain (Galicia), famous for the shrine of St James
comprendre, to understand, include; compris = included, understood
sur le **compte** de, with regard to
compter, to count, intend, expect
le **comte**, count
le **comté**, county
concéder, to concede, grant, allow
de **concert**, *m.* in agreement
concevoir, to conceive, imagine
le **concile**, (ecclesiastical) council
le **concours**, concourse, meeting
non **concupisces**, etc., p. 42, ll. 6, 7, thou shalt not covet thy neighbour's goods
la **concurrence**, competition
condamner, to condemn, sentence
aller à **confesse**, *f.* to go to confession
la **confiance**, confidence
confier, to confide, entrust; confiant=confiding, trustful
confisquer, to confiscate
le **conflit**, conflict
confondre, to confuse, mingle
conforme à, in harmony with
le **confort**, comfort
la **confrérie**, confraternity, brotherhood
congié = le congé, leave, permission
la **connaissance**, acquaintance, knowledge
connaître, to be acquainted with, know
le **conseil**, counsel, advice
constamment, constantly
constater, to declare as certain
construire, to construct, build
le **conte**, story
le **contemporain**, contemporary
le **contenu**, contents
le **conteur**, story-teller
contraindre, to constrain, force
la **contrainte**, constraint
le **contrat**, contract
la **contrée**, region, district
convaincre, to convince, convict; convaincu = enthusiastic, single-hearted
convenable, proper, suitable
convenir, to suit, be seemly, proper
convoquer, to convoke, summon

le **copain**, 'pal'
la **coquille**, shell
la **cornemuse**, bagpipes
cornu, horned
la **cornue**, retort
corores = coureurs, wandering
corrompre, to corrupt, taint, bribe
corruptio, etc. (p. 47, l. 28), the corruption of the best is the worst
le **côté**, side
le **cou**, neck
la **couchette**, bed
couler, to flow, pass; coulant = flowing, lenient, accessible
par **couleur** de, *f.* under pretext of
le **coup**, blow, stroke; coups de pierre = stone throwing
coupable, culpable, guilty
le **coupe-bourse**, cut-purse
couper, to cut
la **cour**, court
couramment, fluently, readily, sufficiently
le **courant**, current
courber, to curve, bend, bow
le **coureur**, runner, roamer, frequenter; coureur d'aventures = seeker after adventures
courir, run, go about, go the rounds of, scour, be current; couru = popular
la **couronne**, crown
court, curt, short
à armes **courtoises**, in friendly combat
cousu (coudre), sewn
le **couteau**, knife
coûteux, costly
la **coutume**, custom
le **couvent**, convent
le **couvre-chef**, kerchief, head-dress
couvrir, to cover
craindre, to fear
la **crainte**, fear
le **craquement**, crackling
la **crèche**, cradle
crédule, credulous
créer, to create
creux, hollow, empty
la **croisade**, crusade
la **croisée**, window
croissant, crescent, increasing
la **croix**, cross
la **crosse**, crosier
la **croyance**, belief
le **croyant**, believer
la **cuiller**, spoon
la **cuisine**, kitchen
le **cuisinier**, la cuisinière, cook
la **cure**, cure, charge
le **curé** (parish) priest
la **cuvette**, (wash-) basin

le **dais**, daïs, canopy
davantage, more
débarrasser, to get rid of
débiter, to pay out, retail, recite
déboucler, to unbuckle, unclasp
le **début**, outset, beginning
décapiter, to decapitate, behead
le **décès**, decease
le **déchirement**, tearing, anguish
déconsidéré, discredited
découvrir, to discover, uncover
la **décrétale**, papal decree
décréter, to decree
décrire, to describe
déçu (décevoir), deceived, disappointed
défaire, to defeat, undo
faire **défaut**, *m.* to be at fault, wanting; à défaut de = for lack of
défavorable, unfavourable
la **défense**, defence, prohibition
défiler, to march on
définitif, final, positive, absolute, permanent
le **dégoût**, disgust
dehors, outside, away
déjà, already
le **déjeuner**, lunch
au **delà**, beyond, more, upwards
délaissé, forsaken, destitute
délicat, delicate, dainty
délier, to unbind
le **délit**, misdemeanour
une **demande** en, an action for
demander, to ask
la **démence**, madness
le **demi-jour**, half-light

ils **demoergent**=ils demeurent, they remain
le **denier**, farthing
dénoncer, to denounce, declare, inform against
la **dentelle**, lace
le **départ**, departure
dépasser, to outdo, outrun, exceed
dépenser, spend
en **dépit** de, *m.* in spite of
se **déplacer**, to be superseded
déposer, to lay down
le **dépositaire**, depositary
dépouiller, to strip, pillage
les **dépouilles**, *f.* spoils, remains
depuis, since
déraisonnable, unreasonable
déridé, unwrinkled
dérisoire, derisive, ludicrous
dérober, to steal
se **dérouler**, to unfold, spread forth
derrière, behind
dès, from, no later than; dès que = as soon as
désabusé, undeceived
le **désagrément**, discomfort, unpleasantness
désespéré, desperate, hopeless
le **désespoir**, despair, desperation
déshonnête, improper
désigné, appointed, intended
le **désintéressement**, disinterestedness, unselfishness
désormais, from that time on, henceforward
le **dessin**, drawing
dessiner, to draw
en (ou au) **détail**, *m.* retail
sans **détour**, *m.* without evasion, straightforward
détruire, to destroy
le **deuil**, mourning
le **devancier**, predecessor
devant, in front of, before
le **devin**, soothsayer, diviner
deviner, to divine, guess
la **devise**, device, motto
dévoiler, to unveil, reveal
le **devoir**, duty
dévotement, devoutly
dévoué, devout
le **diable**, devil
le **dicton**, saying
différemment, differently, otherwise
différer, to defer, put off, differ
difforme, deformed
digne, worthy
le **dindon**, turkey
diriger, to direct
discourir, to discourse
le **discours**, speech
discuter, to discuss
le **diseur**, talker, reciter
disparaître, to disappear
dissimuler, to dissemble, conceal
de **distance** en distance, *f.* at suitable intervals
la **distraction**, amusement, recreation
le **divertissement**, entertainment
le **doigt**, finger
dompter, to daunt, cow, subdue, tame
le **donateur**, donor
se **donner** pour, to give oneself out to be, devote oneself to
doré, golden
dormir, to sleep
le **dortoir**, dormitory
la **dorure**, gilding
doter de, to endow with
la **douceur**, sweetness, graciousness
la **douleur**, pain, grief
le **doute**, doubt
douter de, to be doubtful about; se douter de = to suspect
doux, sweet, soft, mild
le **doyen**, dean, 'father,' senior member
draconien, Draconian, severe, rigorous
le **dramaturge**, dramatist, playwright
le **drap**, cloth
dresser, to draw up
la **drogue**, drug
le **droit**, right, law; droit = right, straight
dû, due (devoir) à, due to, the gift of
le **duo**, duet

la **duperie**, trickery
dur, hard, severe
durant, during

s'**ébahir**, to be amazed, astounded
éblouir de, to dazzle by
un **écart**, wandering, error, freak
écarteler, to quarter
s'**écarter** de, to stray away from, 'to be longe behinde'; écarté = out of the way
échanger contre, to exchange for
échapper à, to escape from
un **échiquier**, exchequer
échouer, to fail
éclairer, to enlighten, illuminate
un **éclat**, an outburst, peal
éclater, to break forth; éclatant = sensational
l'**Ecosse**, *f.* Scotland
s'**écouler**, to pass, be spent
écraser, to crush
s'**écrier**, to exclaim
un **écrit**, a writing
une **écuelle**, a bowl, porringer
un **écuyer**, a squire
édifier, to edify
un **édit**, an edict
effacer, to remove, do away with, atone for; s'effacer = to disappear
efficace, efficacious
je m'**efforce**, 'I peyne me'
effrayer, to frighten, alarm
effroyable, frightful, alarming
égal, equal, even, like
à leur **égard**, *m.* with regard to them, towards them
égayer, to enliven, amuse
l'**égoïsme**, *m.* egoism, selfishness
un **égoïste**, egoist, selfish person
éhonté, shameless
élargir, to broaden, enlarge
s'**élever**, to rise up, bestir oneself; élevé = exalted, high
un **éloge**, eulogy, praise
éloigné, far away
élu (élire), elected, chosen
émaner de, to emanate from, proceed from
embarrasser, to embarrass, trouble; s'embarrasser = to fumble
émerveiller, to astonish, amaze; s'emerveiller de = to marvel at, be filled with wonder at
une **émeute**, a mutiny, rising
un **émissaire**, an emissary, envoy
l'**émoi**, *m.* emotion, agitation, excitement
émoussé, blunt
s'**émouvoir**, to be moved, impressed; ému = disturbed, excited, broken (with emotion)
s'**emparer** de, to take possession of
empêcher, to prevent, hinder
empirer, to grow worse
un **empirique**, empiric, quack
un **emplâtre**, plaster
une **emplette**, a purchase
empoisonner, to poison
d'**emprunt**, *m.* borrowed, sham
enchanté, delighted
un **enchevêtrement**, confusion, entanglement
encontre = contre, against
encore, yet, still
endormir, to lull to sleep; s'endormir = to fall asleep
un **endroit**, a place, spot
endurci, hardened
enfoncé, sunk, buried
s'**enfuir**, to flee
engager, to engage, fix; s'engager = to undertake
engendrer, to engender, give rise to
enjoint (enjoindre), enjoined, ordered
enlever à, to carry off, win, take away from
enluminer, to colour, illuminate
s'**ennuyer**, to be bored, wearied
une **enquête**, inquiry
enraciné, deep-rooted
enrager, to be enraged, mad
s'**enrichir**, to grow rich
ensanglanté, covered with blood
un **ensemble**, mass, whole

ensevelir, to bury
ensoleillé, bathed in sunshine
ensuite, following on that, then
entendre, to hear, understand; s'entendre = to come to an understanding; bien entendu = of course
enterrer, to inter, bury
enthousiaste, enthusiastic
entièrement, entirely
entourer, to surround
les **entraves**, *f.* shackles
un **entremettour** = entremetteur, meddler
une **entreprise**, enterprise, undertaking
entretenir, to maintain, keep
un **entretien**, maintenance, interview, conversation
énumérer, to enumerate
envelopper, to envelop, wrap
s'**envenimer**, to grow more bitter, envenomed
à l'**envi**, *m.* vying (with each other), exceedingly
l'**envie**, *f.* envy, desire
envoyer, to send
épais, thick, dense
une **épaule**, shoulder
une **épice**, spice
un **épicier**, spicer; grocer, 'Philistine'
une **épingle**, pin
une **épopée**, epic poem
une **époque**, epoch
une **épreuve**, proof, trial, test
éprouver, to test, try, feel, experience
s'**épurer**, to be purified
un **équilibre**, equilibrium, balance
un **ermite**, hermit
errer, to wander; errant = wandering, wayfaring, itinerant
un **escabeau**, stool
un **esclandre**, scandal
escompter, to discount
eser = aider, to help, ease
un **espace**, space
l'**Espagne**, *f.* Spain
une **espèce**, species, kind
un **espion**, spy
un **esprit**, spirit, mind, wit
un **essai**, attempt
essuyer, to wipe, sustain, suffer, be butt of
estatut = le statut, statute
(la livre d') **esterling**, pound sterling
après **estimation**, *f.* according to estimate, valuation
estropié, mutilated, maimed
établir, to establish; s'établir = to be installed
l'**étain**, *m.* tin
un **étalage**, display, profession
étaler, to display (on a stall), parade
un **état**, a state, trade
un **été**, a summer
étendre, to extend, spread
une **étendue**, extent, range
une **étoffe**, stuff, material, cloth
une **étoile**, a star
étourdir, to stun
étrange, strange, odd
un **étranger**, stranger, foreigner; de l'étranger = from abroad
l'**étrangeté**, *f.* strangeness, wonder
étrangler, to strangle
un **être**, a being
étroit, strait, narrow, close
une **étude**, a study
étudier, to study
un **Evangile**, Gospel
s'**évanouir**, to vanish, faint
un **évêque**, a bishop
évidemment, evidently, clearly
exact, right, correct, strict
un **examen**, an examination
excommunier, to excommunicate
un **exemplaire**, copy (of book)
exercer, to exercise, practise
exhiber, to exhibit, display
exiger, to exact, demand
expansif, communicative, open-hearted
expédier, to send, despatch
expérimenter, to experience, try, make
une **expiation**, expiation, atonement
expliquer, to explain
exploiter, to exploit, traffic in
exprès, expressly

extorquer à, to extort from, wring from
un **ex-voto**, thank-offering, votive offering (given in accordance with vow)

fabriquer, to fabricate, manufacture
la **facétie**, fun, jest
la **façon**, fashion, manner, way
la **faconde**, chatter, loquacity
le **facteur**, postman
factice, factitious, unreal, acted
faible, feeble, slight, trifling
on **faillit** voir, one almost saw
la **faim**, hunger
faire, to do, have a thing done; faire autorité = to be considered an authority; se faire jour = to spring up, spread; fait pour = adapted for, calculated to
le **faiseur**, performer
le **fait**, fact, act
faitour (O. F. faitor), loiterer, impostor, beggar
falloir, to be necessary; peu s'en faut = little short of it, very nearly
familier, familiar, intimate
fantastique, fantastic, fanciful
le **fardeau**, burden
le **faubourg**, suburb
la **faute**, fault, mistake, offence; faute de = for lack of
le **fauteur**, fomenter, inciter
fauve, fawn-coloured, tawny
faux, false, fictitious, sham
fauxine = la fausseté, falsehood, deceit
à la **faveur** de, under cover of, owing to
se **fendre**, to split
la **ferme**, farm; ferme = firm
le **festin**, festivity
fétide, fetid, noisome
le **fer**, iron, fetter
le **feu**, fire; sans feu ni lieu = without house or home
feu, defunct, deceased, late
le **feuillet**, leaf
le **fiancé**, la fiancée, betrothed
le **fil**, thread
filer, to spin
la **fille**, daughter, girl
le **filon**, seam, lode
le **filou**, sharper, thief
la **fin**, end
la **fisik**, physic, medicine
le **flacon**, flask, bottle
le **flagellant**, self-scourger
la **flèche** à jour, fretted spire
Fleta, law treatise of Edward I's reign
fleurir, to flourish; fleuri = florid, flowery; florissant = flourishing
la **flore**, flora, plants native in a given locality
un **flux** de sang, dysentery
la **foi**, faith
le **foie**, liver
le **foin**, hay
la **foire**, fair
à la **fois**, at one time, at once
la **folie**, madness
le **fomentateur**, fomenter
le **fond**, basis, bottom, substance, back, end
le **fondateur**, founder
fonder, to found
la **force**, strength, power; à force de = by dint of
forcément, of necessity, perforce
forfait (forfaire), forfeited
le **forgeron**, blacksmith
fort, strong; greatly, very
Foston, village, N.W. Yorks
fou, folle, mad
le **fouet**, whip
la **foule**, crowd, multitude
le **foulon**, fuller
le **four** à pain, baking oven
le **fourré**, thicket
fourré (fourrer), fur-lined
le **foyer**, hearth, home
les **frais**, *m.* expenses, cost
frais, fresh, cool
franc, free, thorough
franchir, to pass, overstep
la **franchise**, freedom
François d'Assise, founder of order of Franciscan friars, 1182–1226
le **franklin**, farmer
frapper, to strike; frapper de = to sentence to

frayer avec, to associate with
le **frein**, brake, restraint, check
le **frêne**, ash-tree
fréquemment, frequently
fréquenter, to frequent, have intercourse with
le **frère**, friar, brother
le **frisson**, shudder
Froissart, French chronicler of the 14th century
le **fromage**, cheese
frotter, to rub
fuir, to flee
en **fuite**, *f.* fugitive
la **fumée**, smoke
le **fumier**, dung
funèbre, funereal, mournful
les **funérailles**, *f.* funeral
fusionner, to amalgamate
la **futaie**, woodland

les **gages**, *m.* wages
le **gagne-pain**, livelihood
le **gain**, gain, profit
la **galère**, galley
le **Gallois**, Welshman
le **gant**, glove
la **garantie**, guarantee, warrant
n'avoir **garde** de, *f.* to take care not to
garder, to guard, keep, preserve
la **garenne**, warren
garnir de, to furnish, embellish with
gâter, to spoil, decay
gauche, left, awkward
la **Gaule**, Gaul
la **gaule**, rod, pole
geindre, to groan
la **gelée**, frost
gêner, to hinder, inconvenience
le **genre**, genus, kind
les **gens**, folks, people; gens-de-Robert = Roberdesmen = highwaymen
le **gentilhomme**, nobleman
gercé, chapped
le **geste**, gesture
gesticuler, gesticulate
le **gibet**, gibbet, gallows
le **gibier**, game
il **gît** (gésir), he lies
la **glèbe**, glebe, soil

se **glisser** dans, to slip in
glousser, to cluck
la **gorge**, throat, gorge, valley
le **goupillon**, (holy-water) sprinkler
le **goût**, taste
goûter, to taste, relish, enjoy
grâce à, *f.* thanks to
le **grade**, rank
le **grain**, grain, 'whete'
la **graine**, seed
la **graisse**, grease, fat
grand'chance, *f.* great probability; pas grand'chose = no great amount; à grand' peine = with great difficulty; la grand'route = the high-road; la grand'salle = great hall
la **grandeur**, greatness
grandir, to increase
de plein **gré**, of one's own free will
grêle, slender, shrill
la **greyndre** partie = la plupart
le **grief**, grievance
griller, to roast
gris pommelé, dappled gray
Griselidis, Griselda, type of too docile wife
grossier, coarse
ne...**guère**, scarcely, rarely
guérir, to cure
la **guérison**, cure, healing
le **guérisseur**, healer
la **guerre**, war
en **guise** de, *f.* by way of; leur guise = as they like

(L'astérique indique H aspirée)
habile, able, clever
l'**habileté**, *f.* ability, cleverness
un **habit**, coat, dress, habit
habiter, to dwell at
une **habitude**, habit, custom
un **habitué**, frequenter, regular attendant
habituel, customary
la ***haine**, hatred
le ***hameau**, hamlet
Hampole, village near Doncaster
le ***hanap**, tankard
la ***harangue**, harangue, speech
***harceler**, to harass, vex
***hardiment**, boldly

le ***harnais**, harness
se ***hasarder**, to venture
***haut**, high, tall, lofty, loud
la ***hauteur**, height, arrogance
une **herbe**, herb ; mauvaise herbe = weed
herbergerie = une auberge, inn
un **herbier**, herbalist
un **héritier**, heir
Hérodiade, Herodias
se ***heurter**, to be banged, jostle, clash ; *heurté = noisy
***hideux**, hideous
un **histrion**, actor
***honteux**, shameful
***hors**, without, outside of
un **hôte**, host, guest
une **huile**, oil
l'**humidité**, *f.* dampness
***hurler**, to howl

une **idée**, idea
identique, identical
ignorer, to be ignorant of, not to know
illégitime, illegitimate
illicite, unlawful
illustre, illustrious
une **image**, image, figure
imiter, to imitate
l'**immobilité**, *f.* lack of movement
immodéré, immoderate, exceeding all bounds
immuable, immutable, unchanging
impie, irreligious
importer, to matter, be of importance, be important; qu'importe? = what does it matter? n'importe lequel = no matter which, any at all
s'**imposer**, to put, take, upon oneself; en imposer = to act as an impostor
imprimer, to impress, print
improvisé, improvised, unprepared, natural
impuissant, powerless, feeble
impunément, with impunity
inaccoutumé, unaccustomed
inattendu, unexpected
inaugurer, to inaugurate, unveil
inconnu, unknown, strange foreign
inconscient, unconscious
incontesté, uncontested, undisputed
incroyable, incredible
indécis, undecided
une **indication**, indication, sign, information
s'**indigner**, to wax indignant; indigné = indignant
l'**indignité**, *f.* worthlessness
l'**indiscipline**, *f.* lack of discipline, insubordination
un **individu**, individual
inébranlable, unshakeable, imperturbable
infaillible, infallible
infâme, infamous
inférieur, inferior, lower, subordinate
l'**ingéniosité**, *f.* ingenuity
l'**ingénuité**, *f.* ingenuousness, frankness
innombrable, innumerable
inquiet, uneasy, anxious
inquiéter, to disquiet, disturb
inquisitorial, inquisitorial, of inquiry
inscrire, to inscribe, set down
insignifiant, insignificant
insinuant, insinuating, wily
un **inspiré**, a man inspired
instruit (instruire), educated
s'**insurger**, to rebel
à l'**intention** de, *f.* for the benefit of
intercaler, to intercalate, insert
interdire, to interdict, forbid
un **interdit**, interdict, prohibition
intéressé, interested, selfish
une **interpellation**, appeal, question
interroger, to question
introduire, to show in
inutile, useless
à l'**inverse** de, *m.* different from, contrary to
l'**invraisemblance**, *f.* improbability
irrévérencieusement, irreverently

un **itinéraire**, itinerary, route
l'**ivraie**, *f.* darnel, 'tares'
un **ivrogne**, drunkard

la **Jacquerie**, popular rising in France, 1358
Saint **Jacques**, St James
jadis, formerly
jaillir, to gush, flow
jalousement, jealously
la **jambe**, leg
jeter, to throw away
le **jeu**, game
jeune, juvenile, young
jeûner, to fast
le **jongleur**, gleeman
la **joue**, cheek
jouer, to play, pipe
le **jouet**, plaything
le **joueur**, player
joufflu, chubby
le **jour**, day; mettre à jour = bring to light; à jour = fretted, in open work
journellement, daily
le **juge**, judge
le **juré**, juror
jurer, to swear
le **jus**, juice, gravy
jusque, till, up to, even
la **justesse**, accuracy, closeness
Juvenal, Latin satirist, wrote in latter part of first century

la **Kermesse**, (Dutch) parish-feast

de **là**, from there, thence
labourer, to plough
la **laideur**, ugliness
la **laine**, wool
laïque, lay, worldly
laisser, to leave
la **lame**, blade
lancer, to hurl
le **langage**, language, dialect
le **lange**, napkin
la **langue**, tongue, language
languir, to languish, waste away
de **large**, in breadth
la **larme**, tear
le **larron**, thief
la **larve**, spectre
las, weary
lascif, lascivious
le **lavabo**, wash-stand
laver, to wash
les **lazzi**, *m.* buffoonery, jokes
la **lecture**, reading
léger, light
légitime, legitimate, lawful
le **legs**, legacy
léguer, to bequeath
le **lépreux**, leper; leprous
pure **lessive**, *f.* washing-water
la **lettre** de passe, passport
le **lettré**, literary man, scholar
lever, to raise, remove, take off
le **lévrier**, greyhound
la **ley** = la loi, law
libre, free
la **lice**, lists
la **lie**, lees, dregs
le **lien**, bond
lier, to bind
avoir **lieu**, *m.* to take place
la **ligne**, line
le **lingot**, ingot, bar
liquéfier, to liquefy, become liquid
lire, to read
le **lis**, lily
le **lit**, bed
la **livre**, pound
la **livrée**, livery
se **livrer** à, to indulge in, devote oneself to
loger, to lodge
la **loi**, law
loin, far, far away; de loin en loin = at long intervals
lointain, distant, remote
de **long**, in length; à la longue = in the long run, in the course of time
lors, at the time of; dès lors = from that time
lorsque, when
louer, to hire
le **loup**, wolf
lourd, heavy
le **Louvre**, Louvre, National Picture Gallery of Paris
lowers = le louage, hire, wages
Luc, Luke
la **lucarne**, skylight
la **lueur**, glow
la **lumièré**, light

le **luminaire**, lights, candles and tapers
le **luth**, lute
lutter pour, to wrestle, struggle for

machinalement, mechanically, involuntarily
la **Madone**, Virgin
Maeterlinck, Belgian poet, dramatist and philosopher, b. 1862
les **mages**, *m.* magi, wise men from the East
maigre, meagre, thin, faint
maint, many
maintenir, to maintain, keep up
le **maintien**, maintenance
le **maire**, mayor
le **maître**, master
majeur, greater
la **majuscule**, capital letter
le **mal**, evil, ache, disease; mal de mer = sea-sickness
le **malade**, patient, sick person; malade = ill
la **maladie**, illness
male (mort) = mauvaise, cruelle
malfaisant, pernicious
le **malfaiteur**, malefactor
malgré, in spite of
le **malheur**, misfortune, woe
la **malice**, malice, cunning
malin, malicious, evil
malsain, unhealthy
Malte, *f.* Malta
la **malvoisie**, malmsey (sweet Greek wine from Malvasia)
la **Manche**, the Channel; la manche = sleeve; le manche = handle
le **mandement**, order, charge
manier, to handle
la **manœuvre**, handling, working
manquer, to miss, fail, be lacking; manquer de bras = to be in need of labourers
le **manteau**, mantle, cloak
le **marbre**, marble
le **marc**, mark
le **marchand**, merchant, seller
marchander, to bargain for
le **marché**, market
le **marcheur**, walker, pedestrian
le **maréchal**, marshal
la **marée**, tide
la **marge**, margin
le **marin**, mariner, sailor
la **marque**, mark, sign
marquer, to mark, brand; marqué = noticeable
masquer, to mask
la **masure**, hovel
le **matelas**, mattress
les **matines**, *f.* matins, morning service
maudit (maudire), accursed
maussade, surly
méconnaissable, unrecognisable
mécontent, discontented
la **médaille**, medal
le **médecin**, doctor
le **médicament**, medicine, potion
médiocre, moderate, light
méditer, to meditate upon
le **méfait**, misdeed
le **meilleur**, the best
mélanger, to mix, adulterate
la **mêlée**, scrimmage, fight, contest
se **mêler** à, to mix with, meddle with
de **même** que, in same way as
la **mémoire**, memory
menacer, to menace, threaten
ménager, to scruple about, use sparingly, deal with, contrive, arrange for
le **mendiant**, mendicant, beggar
la **mendicité**, begging
mener, to lead, bring
le **ménestrel**, minstrel
menteur, false, lying
mentir, to lie
menu, minute, small, humble; menus objets = trifles
le **mépris**, contempt
mépriser, to despise
la **mer**, sea
la **mercerie**, draper's goods
méridional, southern
le **mérite**, merit, desert
merveilleux, marvellous
mesner = mener, to lead
le **messager**, messenger

la **messe**, mass
Messer = Monsieur
mestre = maître, master
à **mesure** que, as, in proportion as
mesuré, measured, deliberate
la **métamorphose**, transformation
le **métier**, trade, calling
mettre, to place, put on; mettre à l'amende = to fine; se mettre = to set to, begin
le **meurtre**, murder
le **meurtrier**, murderer
le **midi**, South
ne...**mie** = ne...pas, not
mieux, better, more; au mieux de nos intérêts = 'to our best commodity'
le **milieu**, middle, centre, environment, surroundings
la **millefeuille**, milfoil, yarrow
le **millier**, thousand
le **mime**, mummer
mineur, minor, minorite, Franciscan friar
le **minuit**, midnight
minutieux, minute, precise, meticulous
miroiter, to flash, dangle
mis (mettre), put, placed
la **mise**, putting, setting
la **misère**, misery, poverty
miséricordieux, pitiful
le **missel**, missal, mass-book
la **mnémotechnie**, aid to memory
le **mobile**, motive, incentive
la **mode**, fashion; à la mode = fashionable
moelleux, full of marrow, soft, downy
les **mœurs**, *m.* manners
moindre, less (adj.)
moins, less (adv.); à moins que...ne = unless; le moins = the least
le **mois**, month
Moïse, Moses
la **moitié**, moiety, half
le **mollet**, calf (of leg)
mondain, mundane, worldly
le **monde**, world, people
la **monnaie**, money, change
la **montre**, watch
montrer, to demonstrate, show
la **monture**, mount, steed
moqueur, mocking
le **morceau**, morsel, piece
mordant, mordant, biting, caustic
more ribaldorum, after the manner of the ribald
la **mort**, death
la **morue**, cod
le **motif**, motive, cause
mourir, to die
mousseux, foaming, sparkling
le **moyen**, means; middle; le moyen âge = middle ages
moyennant, by means of, in return for
la **moyenne**, average
multiple, manifold
se **munir** de, to provide oneself with
mûr, mature, ripe
la **muraille**, (outside) wall
le **musicien**, musician, minstrel
le **musulman**, Mahometan
mutilé, mutilated
mys en cepes = mis au pilori, put in the stocks
mystique, mystic (seeking for direct intercourse with God)

la **naissance**, birth
naître, to be born, originate; né = born
narquois, mocking
la **nef**, nave
négliger, to neglect
négocier, to negotiate, arrange
le **neif**, bondman
la **neige**, snow
net, clear, precise, sharp
neuf, new
nient = nul, none
nier, to deny
la **noblesse**, nobility
Noël, *m.* Christmas
noir, black
le **nomade**, nomad, wayfarer; nomade = nomadic, wayfaring
le **nombre**, number

nombreux, numerous
le **nonce**, nuncio, envoy
Non-mi-, etc. (p. 57, l. 27), Blamemenotanitpleaseyou
la **nonne**, nun
nonobstant, notwithstanding
le **nord**, North
notamment, notably, particularly, for instance
nourrir, to nourish, feed
la **nourriture**, food
de **nouveau**, anew, again
nouvellement, newly, recently
nu, nude, naked
le **nuage**, cloud
nuire à, to injure
nul...ne, no; nulle part = nowhere
nullement, by no means
nu-pieds, barefooted
nuptial, nuptial, wedding

obéir à, to obey
d'**occasion**, *f.* occasional
ocious = oisive, otiose, idle
témoin **oculaire**, eye-witness
odieux, odious, hateful
un **œil**, eye
une **œuvre**, work
un **office**, office, service
une **offrande**, offering
une **oie**, goose
une **ombre**, shade
un **ongle**, nail
un **onguent**, unguent, ointment
l'**opprobre**, *m.* opprobrium, offence, scandal
l'**or**, *m.* gold
une **oraison**, orison, prayer
un **ordinaire**, ordinary, ecclesiastical judge
une **ordonnance**, ordinance, prescription
une **oreille**, ear
une **orgie**, orgy, drunken revel
l'**orgueil**, *m.* pride
l'**Orient**, *m.* East
orner, to adorn
un **os**, bone
oser, to dare
ôter, to take away, take off
l'**oubli**, *m.* forgetfulness
oublier, to forget
l'**ouest**, *m.* West
ouïr, to hear, listen
un **outil**, tool, implement
outraiouses louers = louage outrageux, outrageous hire, wages
outre, beyond; en outre = besides; outre-mer = beyond the seas
ouvert (ouvrir), opened
une **ouverture**, overture, opening
un **ouvrage**, work
un **ouvrier**, workman; ouvrier = working

païen, pagan
le **pain**, bread, loaf, cake (of soap)
hors de **pair**, *m.* peerless, beyond the reach of competition
le **palais**, palace
la **panacée**, panacea, cure-all
le **panneau**, panel
papagallo = perroquet, parrot
la **papauté**, papacy
le **pape**, pope
par devant, in front, forwards
le **parchemin**, parchment
parcimonieusement, parcimoniously, grudgingly
parcourir, to run through, go through, perambulate
le **parcours**, course, distance
par-dessus, above
pareil, like, similar
pareillement, likewise
parer, to deck, adorn
la **paresse**, idleness
parfois, at times
le **parjure**, perjury
le **parler**, language
parmi, among
la **paroisse**, parish
la **parole**, word, saying
à **part**, *f.* separately; de toute part = everywhere
en **partance**, *f.* on the point of sailing, outward bound
le **parti**, party, side; prendre le parti de = to make up one's mind to
particulier, private, special
la **partie**, part, share, party; faire partie = form part
partir, to depart, go away
le **partisan**, supporter, follower

partout, everywhere
la **parure**, decoration, dress
parvenir, to reach, come down
le **pas**, pace, step, yard
passablement, passably, moderately
de **passage**, *m.* itinerant, wandering
le **passager**, passenger (on board ship)
le **passant**, passer-by
passer pour, to appear to be; se passer de = to do without, dispense with
le **passe-temps**, pastime
le **patron**, patron, patron-saint, captain
la **patte**, paw
la **paupière**, eyelid
la **pauvreté**, poverty
le **pavé**, pavement
payer, pay for
le **pays**, country
le **paysan**, peasant
le **péché**, sin
le **pécheur**, sinner
pécuniaire, pecuniary
peindre, to paint
la **peine**, trouble, labour, penalty; à peine = scarcely
la **peinture**, painting, picture
le **pèlerin**, pilgrim
le **pèlerinage**, peregrination, pilgrimage
le **pelletier**, fellmonger, dealer in skins
se **pencher**, to lean
pendant, during
pendre, to hang
pénible, painful
la **pénitence**, penitence, punishment
la **pensée**, thought, pansy
percer, to pierce, cut, shine
percevoir, to collect
perdre, to lose
permis (permettre), permitted
la **péroraison**, peroration, conclusion
se **perpétuer**, to be perpetuated
persister, to persist, continue
pervers, perverse, intractable
la **peste**, plague
pétillant, sparkling, ringing
peu, little; combien **peu** = how little
le **peuple**, people, masses
la **peur**, fear
le **philosophe**, philosopher
la **physionomie**, face
physiquement, physically
la **pièce**, piece, coin, document
le **pied**, foot; sur pied = standing (in the field)
le **piédestal**, pedestal
la **pierre** philosophale, philosopher's stone (for turning base metals into gold)
le **piéton**, pedestrian
piètre, wretched
pieux, pious, religious
piller, to pillage
le **pilori**, pillory
pimpant, smart, trim
le **piquant**, sting; piquant = witty, lively
piquer, to sting, prick
pire, worse; le pire = the worst
la **pitance**, pittance, fee
le **placard**, wall-cupboard
la **place**, market-place
la **plaie**, wound
se **plaindre** de, to complain of, lament
la **plainte**, complaint
plaire à, to please; se plaire à = to take pleasure in
plaisant, odd, droll; un mauvais plaisant = practical joker
la **plaisanterie**, joke
la **planche**, plank
la **planète**, planet
plat, flat
le **plateau**, tray
plein, full; en pleine guerre = in the midst of the war; en pleine tempête = in the midst of the storm
plénier, plenary, full, complete
pleurer, to weep, mourn
le **plomb**, lead
la **plume**, feather
la **plupart**, majority, larger part
plusieurs, several
le **poids**, weight
le **poil**, hair

le **point** de départ, starting point
le **pois**, pea
le **poisson**, fish
la **poitrine**, chest
le **poivre**, pepper
la **poix**, pitch
la **police**, police, policing
la **politique**, politics
pompeux, pompous
le **port**, port, bearing
la **porte**, door, gate
porter, to carry, wear
posé, steady, staid
la **potence**, gallows
la **poudre**, powder
pourrir, to rot
poursuivre, to pursue, sue, prosecute
pourtant, however
pourvoir, to provide, furnish; pourvu que = provided that, if only
pousser, to push, incite, carry, drive
la **poutre**, beam
la **prairie**, meadow
la **pratique**, practice, customer; pratique = practical
se **précautionner**, to take precautions
le **prêche**, sermon, 'predicacioun'
le **prêcheur**, preacher
précisément, precisely
de **prédilection**, *f.* favourite
de **préférence**, *f.* preferably, for choice
le **prélat**, prelate, bishop
préluder, to give a prelude
prendre, to take, catch; prendre plus cher = charge more; s'y prendre = to set about it
se **préoccuper** de, to concern oneself with, fill one's mind with
prépondérant, preponderating
la **prescription**, command
prescrire, to prescribe, lay down
presque, almost
se **presser**, to hurry, crowd
preste, quick, lively
prétendu, pretended, sham
prêter, to lend; prêter oreille = to give ear
le **prêtre**, priest
la **preuve**, proof; faire preuve de = give evidence of, display
prévoir, to foresee, provide for
la **prière**, prayer
le **prieuré**, priory
le **principe**, principle
priver, to deprive
le **prix**, price, cost, wage; à tout prix = at any cost
le **procès**, trial; sans autre forme de procès = without further ceremony; procès-verbal = official report
prochein = prochain, nearest
par **procuration**, *f.* by proxy
le **prodige**, prodigy
se **produire**, to happen
le **produit**, product, proceeds, amount
profane, worldly
de **profession**, *f.* professional
profond, deep
prohiber, to prohibit
promulguer, to promulgate
le **propos**, remark, talk; à propos = aptly, with regard to; à tout (tous) propos = continually, on every occasion
propre, peculiar, proper, own, clean
la **propreté**, cleanliness
proscrire, to proscribe, forbid; proscrit = outlawed
protéger, to protect
la **prouesse**, prowess, exploit
provenir de, to arise from, have (its) origin in
provisoirement, provisionally, for the time being
le **prud'homme**, 'good man'
psalmodier, to chant
le **psaume**, psalm
le **psautier**, psalter
puis, then
puiser, to draw (lit. from a well), derive, reap
la **puissance**, power
le **puits**, well
pulluler, to swarm, abound

la **punition**, punishment
le **purgatoire**, purgatory

par **qi** = (c'est) pourquoi, wherefore
qualifier, to qualify, style
quand même, all the same, in spite of all
quant à, as to, with regard to
le **quartier**, quarter, district
quel, what; quelques (pl.) = a few; quelqu'un = someone; quelque ... que = however; quelque... = whatever (adj.)
la **querelle**, quarrel
la **quête**, quest, collection
quêter, to beg, make a collection
quiconque, whoever
quoi que, whatever (pron.)
quotidien, daily

raccommoder, to repair, mend
le **raccourci**, abridgment, epitome
raccourcir, to shorten, abridge
racheter, to buy up, redeem
la **racine**, root
raconter, to recount, tell
radical, radical, thorough, complete, drastic
le **raffinement**, refinement, development
railler, to rally, banter; raillant = jestful
la **raison** d'être, reason for existence, justification; à plus forte raison = much more, a fortiori
rajeunir, to rejuvenate, revive
ramener, to bring back, restore
le **rang**, rank
rapace, rapacious, greedy
rappeler, to recall, remind
le **rapport**, report, relationship, connection
rapporter, to report, relate, bring back
rare, rare, scarce
le **rassemblement**, gathering, throng
se **rattacher** à, to belong to
le **rayon**, ray
la **recette**, receipt, recipe
la **recherche**, search, inquiry, pursuit, examination
rechercher, to seek out
le **récit**, story, narrative
réclamer, to claim, call for
la **récolte**, harvest
peu **recommandable**, little commendable, somewhat disreputable
la **récompense**, reward
la **reconnaissance**, recognition, gratitude
reconnaître, to recognise
récréer, to amuse
la **recrue**, recruit
recueillir, to collect, gather, reap; se recueillir = to collect one's thoughts
reculé, remote, backward
rédiger, to draw up, edit, compile
redoutable, fearful, formidable
redouter, to fear, dread
réduire, to reduce
réfléchi, thoughtful
la **réforme**, Reformation, reform
les **réformés**, *m.* Protestants
refroidir, to grow frigid, grow cold
le **regard**, look, observation
regarder, to look at
la **règle**, rule; en règle = in order, law-abiding
le **règlement**, regulation
le **règne**, reign
rehausser, to heighten, set off
se **réjouir**, to rejoice
la **réjouissance**, rejoicings, festivities
faire **relâche** dans, *f.* to put in at
le **relai**, relay
le **relevé**, statement, abstract; relevé = lofty, elegant
relever, to relieve, make mention of; relever de = to be dependent on, amenable to
le **religieux**, monk, friar
le **reliquaire**, relic-casket
la **relique**, relic
remanier, to recast, touch up
le **remède**, remedy

remettre, to remit, put back again, deliver, hand to; s'en remettre **à** = to throw oneself upon
la **remise**, remission
remonter, to wind
remplacer, to take the place of
remplir, to fill, fulfil
remporter, to carry off, win
remuer, to move, wag; remuant = restless, stirring
renchérir, to get dearer, to improve upon (sur)
la **rencontre**, meeting, encounter
rendre, to render, issue, promulgate; s'y rendre = to betake oneself there, get there
renfermer, to contain
le **renom**, renown
la **renommée**, reputation
se **renouveler**, to renew, begin again
le **renseignement**, information
rentrer dans, to return to
renverser, to reverse, sweep away; se renverser = to bend over, fall over
renvoyer, to send back
se **répandre**, to spread; très répandu = widespread
réparer, to repair, redress
repartir, to set out again
le **repas**, repast, meal
se **repentir** de, to repent of
le **repli**, fold, coil
le **répons**, response
le **repos**, repose, rest
reprendre, to take up, continue
le **représentant**, representative
la **reprise**, recapture, seizure; à plusieurs reprises = repeatedly
réprouver, to reprobate, condemn; le réprouvé = reprobate, abandoned person
le **réquisitoire**, accusation, list of grievances
respirer, to breathe (freely again)
ressembler à, to resemble
le **ressort**, spring
ressusciter, to resuscitate; to rise (from the dead)
le **reste**, rest, remainder; les restes = remains; de reste, du reste = moreover, besides
restreindre, to restrain
le **résumé**, summary
retenir, to retain, check, keep, remember
retentir de, to ring with
la **retenue**, moderation, reserve, detention; sans retenue = lawless
retirer, to draw out; se retirer = to withdraw
le **retour**, return
la **retraite**, retreat
la **réunion**, meeting, assembly
réunir, to assemble, bring together, join, blend
réussir à, to succeed in
la **réussite**, success
en **revanche**, *f.* in return
le **rêve**, dream
révéler, to reveal
le **revenant**, ghost
revendre, to sell again
revenir, to come back, recur; revenir sur = to make frequent mention of
le **revenu**, revenue, income
revêtir, to clothe, assume
le **revirement**, revulsion, change of front
le **révolté**, rebel
le **rhume**, cold
le **ribaud**, ribald, lewd fellow
la **richesse**, riches
ridicule, ridiculous
le **rire**, laughter
la **risée**, laughing-stock
le **rivage**, coast
Róberdesman, highwayman
Rocamadour, town in Guienne (dep. Lot) where the sanctuary and wooden statue of the Virgin may still be seen
le **rôdeur**, rover, prowler
romain, Roman
le **roman**, romance, novel
rompre, to break
la **ronce**, bramble
rond, round
la **ronde**, round, radius
ronger, to gnaw, chafe

la **rote**, rota, list
rôtir, to roast
rouge, red, red-hot
la **rouille**, rust
la **route**, route, road
le **royaume**, realm, kingdom
la **ruade**, kicking
rude, rough
se **ruer**, to throw oneself
rusé, artful, crafty
Rutebeuf, French poet of the 13th century

saccager, to sack, pillage
le **sachet**, satchel, bag
sacré, sacred, holy
sacrilège, sacrilegious
le **safran**, saffron
la **sagesse**, wisdom
le **saint**, saint; saint = holy
Saint-Botolph, district of Colchester
la **Sainte-Chapelle**, Paris, built in reign of Louis IX (1245–1248) as a shrine for the Crown of Thorns
la **sainteté**, sanctity, holiness
saisir, to seize, strike, impress; saisissant = thrilling, vivid
le **salaire**, salary, wages
salé, salted
la **salle**, hall
Salomon, Solomon
le **saltimbanque**, mountebank
le **sang**, blood
le **sang-froid**, coolness
sanglant, bleeding, sanguinary
la **santé**, health
sauter, to jump
sautillant, skipping, 'sing-song'
sauvage, wild
sauvegarder, to safeguard, 'warent'
le **Sauveur**, Saviour
savant, learned, scholarly
la **saveur**, savour, relish
savoir, to know, know how
le **scarabée**, beetle
le **sceau**, seal
sceller, to seal
la **science**, knowledge
le **scribe**, writer
le **scrupule**, scruple
sculpter, to carve
le **seau**, bucket
sec, dry, lean
secouer, to shake
secourir, to succour
le **secours**, succour, help
séculaire, century-old, time-honoured
séculier, secular
séduire, to seduce, lead astray
le **seigneur**, lord
le **sein**, bosom
le **séjour**, sojourn, stay
la **selle**, saddle
selon, according
le **semblable**, fellow-creature; semblable = similar, like
le **semblant**, semblance
sembler, to seem
semer, to sow, spread
le **sénéchal**, steward
le **sens**, sense, direction
le **sentier**, path
le **sentiment**, sentiment, feeling
sentir, to feel, smell
le **serment**, oath
le **service**, service, course
se **servir** de, to make use of
seulement, only
sévir contre, to rage against, punish severely
le **siècle**, century
le **siège**, seat, see; sur son siège = in the judgment seat
siéger, to sit, hold session
le **sien**, his, hers; les siens = his, her, one's relatives
signaler, to stress, draw attention to
sillonner, to make furrows through, make one's way through
singer, to ape, imitate, 'counterfete'
sitôt...sitôt, no sooner...than
soigneusement, carefully
soi-même, oneself
le **soin**, care
le **sol**, soil
solennel, solemn
solidaire de, in sympathy with, having solidarity with

le **solitaire**, recluse, anchorite
la **solive**, joist
la **somme** (Lat. summa), sum; la Somme = epitome (of theology); la somme (Gk. σάγμα) = burden
le **somme** (Lat. somnum), nap
somptueux, sumptuous, costly
le **son**, sound
songer, to think
sonore, sonorous, loud
le **sorcier**, la sorcière, sorcerer, wizard—witch
le **sort**, fate, lot
le **sortilège**, witchcraft, spell
sortir, to go out, issue from
sot, stupid
le **sou**, halfpenny
le **souci**, solicitation, care, anxiety; marigold
soucieux, careworn, worried
souffert (souffrir), suffered
le **souffle**, breath
la **souffrance**, suffering
soulever, to raise; se soulever = to rise
soumettre, to submit; soumis = subject, submissive
le **souper**, supper
souple, supple, graceful
le **sourcil**, eyebrow
sourire, to smile
sous, under, in reign of, in
en **sous-ordre**, *m.* subordinate
le **souvenir**, memory, keepsake
souvent, often
spécialement, specially, specifically
la **stalle**, stall
le **statut**, statute, law
la **strophe**, stanza, verse
le **suaire**, shroud
subir, to undergo, suffer
subite, sudden
subtile, subtle
subvenir à, to meet, provide for
le **sud**, South
la **sueur**, sweat
suffire, to be sufficient
suffisant, sufficient, enough
le **suffrage**, suffrage, vote; enlever les suffrages = to gain the favour
la **suite**, following, continuation; à la suite de = in the wake of, following; tout de suite = immediately
suivre, to follow; fort suivi = much attended
superposé, set one above the other
le **supplice**, punishment
le **supplicié**, executed man
sûr, sure, certain
la **sûreté**, surety
surgerie = la chirurgie, surgery
surhumain, superhuman
surprenant (surprendre), surprising
surtout, above all
surveiller, to watch over, keep an eye on
survenir, to happen, take place
survivre à, to survive
susciter, to raise, call up
susdit, aforesaid
le **suspect**, suspect, suspected person

le **tableau**, table, tariff
la **tâche**, task
Taillefer, Norman bard and soldier who fell at Hastings
le **tailleur**, tailor
le **taillis**, coppice, underwood
se **taire**, to be silent
le **tambour**, drum
tant, so much, so many
tantôt...tantôt, at one time... at another time
le **tapis**, carpet
tardif, dilatory
tel, such
téméraire, bold
le **témoignage**, testimony, evidence
le **tenancier**, tenant
la **tendance**, tendency
tendre, to tender, hold out, tend, be on the way; tendre les oreilles = to give ear
les **ténèbres**, *f.* darkness
la **teneur**, tenor
tenir, to hold, bind; tenir à = to be anxious about, strive after; tenir compte

= to take into account, allow for; le langage tenu = the language used; s'en tènir à = to stop at, rest satisfied with
la **tentation**, temptation
tenter, to tempt, attempt
la **tenue**, upkeep
terne, tarnished, dull
à **terre**, *f.* on the ground; les terres = lands
terrestre, terrestrial, earthly
le **testament**, will
le **thème**, subject, 'teeme'
le **tiers**, third
Timoclès, character in Molière's play, *Les Amants magnifiques*
tirer, to draw, derive, pull out; se tirer d'affaire = to get out of the difficulty, trouble; tiré à quatre épingles = very smart
le **tisserand**, weaver
le **titre**, title
la **toile**, canvas
le **toit**, roof
la **tombe**, tomb, grave
le **tombeau**, tombstone, grave
tomber, to tumble, fall, become void
le **ton**, tone
le **tonneau**, cask
avoir **tort**, *m.* to be wrong
tortu, crooked
tortueux, tortuous, shifty
la **Toscane**, Tuscany
tôt, early
la **totalité**, whole, sum-total
toucher à, to concern
toujours, always
le **tour**, trick, feat
la **tournée**, round, visitation
le **tournoi**, tournament
la **tournure**, appearance
tousser, to cough
le **tout**, the whole; tout fait = ready made; tout le monde = everyone; le tout-Puissant = the Almighty
toutefois, however
traîner, to draw, drag
traire, to extract
le **trait**, touch, flash, characteristic
le **traitement**, treatment
traiter, to treat; traiter en = to regard as
le **traître**, traitor
trancher, to cut off
le **travail**, work
le **travailleur**, labourer
le **travers**, defect, failing; à travers = through; en travers = across
traverser, to traverse, pass through, run through
le **tremblement**, trembling
le **trésor**, treasure, treasury
le **trésorier**, treasurer
la **tresse**, tress
le **tréteau**, trestle; pl. = stage
John de **Trevisa**, English writer of the 14th and 15th centuries
soi **trier** = se tirer, sortir
le **tronc**, trunk
le **trône**, throne
le **trou**, hole
voir **trouble**, to see (only) dimly
troubler, to trouble, confuse
la **trouvaille**, find
le **trouvère**, minstrel
tuer, to kill
turc, Turkish
turpis = vil, base

ultérieurement, ultimately, later on
unanime, unanimous
unique, unique, sole, only
unir, to unite
d'**usage**, *m.* customary
user de, to make use of
usité, accustomed
un **usufruit**, usufruct
un **usurier**, a usurer
en temps **utile**, before too late
utiliser, to utilise
une **Utopie**, a Utopia

vagabonder, to roam
vaillant, valiant, stalwart
valentes in saeculo, the great ones of this world
la **valeur**, value
valoir, to be worth, count as
vanter, to vaunt, boast, extol
vaquer à, to carry out, see to

la **veillée**, night-watch
vendre, to sell
vénérer, to venerate
le **venin**, poison
le premier **venu**, any one at all, Tom, Dick or Harry
le **ver**, worm; le ver luisant = glowworm
la forêt **verdoyante**, 'the grene wode'
la **verge**, rod
vérifier, to verify
véritable, true, genuine, real, regular
la **vérité**, truth
vermeil, vermilion, red, ruddy
vermoulu, worm-eaten
la petite **vérole**, smallpox
la **verrière**, stained glass window
verroi = vrai, true
le **vers**, (line of) verse
verser, to pour, pay
la **vertu**, virtue
la **verve**, raciness, zest, 'go'
vêtu (vêtir) de, clad in
le **vicaire**, curate
vide, void, empty, barren
la **vie**, life
la **vielle**, viol
vieller, to play on the viol
la **Vierge**, Virgin
vif, keen, bitter
vil, vile, base
le **vilain**, villein
la **villageoise**, village woman
le **vin**, wine
violer, to violate
le **violon**, violin
la **vis**, screw
le **visa**, examination
vis-à-vis de, with regard to
viser à, to aim at, be directed against
le **vitrail**, stained glass window
vivant (vivre), living, surviving
vivifier, to give life
les **vivres**, *m.* provisions
voet = veut (vouloir)
le **vœu**, vow
voident = vident = quittent, leave
la **voie**, way, road
le **voile**, veil
voir, to see; se voir = to find oneself
le **voisin**, neighbour; neighbouring
la **voix**, voice
la **volée**, flight, peal; **à** toute volée = broadcast, in full volley
la **volonté**, will
volontiers, willingly, gladly, with pleasure
en **vouloir** à, to aim at, strike a blow at, have a grudge against; volt = voulut = wished, willed
le **voyage**, journey, voyage
le **voyageur**, la voyageuse, traveller
être mal **vu** (voir), to be looked askance at
le point de **vue**, point of view
vulgariser, to popularise

Walsingham, village of Norfolk, famous for its Augustinian Priory and shrine of the Virgin

For EU product safety concerns, contact us at Calle de José Abascal, 56–1°,
28003 Madrid, Spain or eugpsr@cambridge.org.

www.ingramcontent.com/pod-product-compliance
Ingram Content Group UK Ltd.
Pitfield, Milton Keynes, MK11 3LW, UK
UKHW020315140625
459647UK00018B/1879

* 9 7 8 1 1 0 7 6 3 5 2 6 5 *